JN033458

帝国主義の闇に挑む

現代に蘇る幸徳秋水の思想と魂

向井豊明

明石書店

帝国主義の闇に挑む

——現代に蘇る幸徳秋水の思想と魂

向井豊明

目次

序

二〇二二年二月二四日、突如プーチンのロシア軍がウクライナに侵攻した。それはくしくも私が拙書『世界の危機と再編のシナリオ』[1]（以降「前著」と呼ぶ）を刊行した二週間後のことであった。そのなかで私は世界の独裁・専制政治を批判し、特に核兵器と結びついたネオ帝国主義国家ロシアの独裁政権と中国の習近平共産党独裁体制の二大国の脅威に警鐘を鳴らした。それだけに今回の侵攻・虐殺の映像を目の当たりにして、忸怩たる思いと嫌悪の気持ちが入り混じり、激しい怒りが込み上げてきた。それこそ人間の所業とは思えない蛮行。進歩や文明の欠片も見られない、こんな悪魔のような「怪物」を誰が造ったのか。しかしいずれの「独裁」も愛国心溢れる国民や軍人に支持され、各々権力者達は自らの身と地位の安全を確保しつつ、自らの心の残虐性を糊塗しあるいは隠蔽するかのごとく、国家に忠誠を誓い、ときに敬神を装う。人間や国家および歴史に潜むこのような野蛮と「愛」や「神」との契合・協働の営み、この繰り返される欺瞞・悲惨。事が起こるたび絶望的な思いになる。今回のウクライナ侵攻に極まる、これまでのプーチン政権の一連の国内外に及ぶ弾圧、粛清、侵略の数々の「悪」業、そして中国共産党政権による天安門事件に始まる、ウイグル自治区や香港での民主化運動への弾圧また台湾に対する脅迫や恫喝、さらにこの二大国を支援し追随する北朝鮮の金正恩独裁政権による一連の「敵国」威嚇の弾道ミサイル発射、アフガニスタンでのタリバン独裁政権の暴政・愚政、ミャンマーの軍事独裁政権による民衆の殺戮・弾圧と、現代もなお専制独裁の暴政・謀略が世界の至るところで民衆の生命や自由を脅かし奪っている。

振り返れば近世ヨーロッパにおいて、旧来の覇権膨張を目指す帝国主義に独占金融資本と高度な科学・軍事技術とが結びついた金融植民地帝国主義に対し、冷静かつ理論的な分析を行いその矛盾を明らかにし批判したのは、くしくもヨーロッパ・ロシアの革命家達、なかでもロシア革命を主導したレーニンであった。しかし彼の金融帝国主義に対する尖鋭な分析は旧来の膨張主義的な帝国主義（殲滅、排除、同化、拘束、蹂躙、支配拡大、…）には向けられず、自集団の覇権主義的な体質を等閑に付してしまった。その結果後の第二次大戦ではナチス・ヒトラーの帝国主義に歩調を合わせるかのように、レーニンの後継者スターリン主導のソ連帝国主義は、他国を侵略し領土拡大を目指し、大戦後には世界を冷戦のカオスに巻き込み、そして今日その末裔プーチンによって独裁政治と核兵器の結びついた、瞬時に地球を大規模に破壊する「二一世紀の超怪物：ネオ帝国主義」を現前させた。

体制の転換を促すいわゆる革命は、これまで絶対王政・軍政による国家主権を蹂躙する野蛮な専制・独裁政治に対抗し、理想的な社会実現のために根本的な変革を担ってきた。だが実際にはほとんど思い通りにはいかなかった。我々は、革命後の専制政治の復活およびその後の帝国主義的侵略の歴史を学ぶとき、一体革命とは何であり何でなかったのか、今一度問い直す必要に迫られる。ちなみに私見によれば、革命とはおおよそ国家主権の専制に対抗する民主化革命であり、あるべきであった。

反専制・脱中央集権は革命の必須条件であり、市民革命にせよ社会主義革命にせよ、そこには民主的な理念があった。とはいえおおむね革命は国家内革命であるため、「政権奪取」のクーデターも、統合・中央集権を指向する国家の論理も基本避けることができず、先行する覇権争いが民主化を後退させ、理想と現実の間に大きな乖離を発生させていった。そうして政権争奪を制した革命主導者達は、かつて敵側の政治やイデオロギーであった専制・独裁の政治や帝国主義政策を踏襲するというアイロニーの罠にはまっていった。

ちなみにその先蹤となった革命主導者とは、一七世紀中頃に発生したイギリスの清教徒革命の覇者クロムウェルであり、続くフランス革命の主導者ロベスピエールや後のナポレオン、また世界初と称賛された第二次ロシア社会主義革命を主導したレーニンおよびスターリンである。かれらによる専制・独裁への帰結は明らかに革命の失敗であり、その原因は革命が民主化革命としての役割を果たすことができなかったことによる。革命を実質成功に導くためには、何よりも主権在民・複数政党制・三権分立・政教分離・リコール制などの民主システムが政権樹立前後の必須条件として革命の綱領に明記され実施されなければならない。ただしそれはあくまでも民主化の理想であって、現実的には暫定的な統合象徴と執政の、権威と権力の分離を選択することもありえよう。事実清教徒革命の後に再び生起した名誉革命では、同じ轍を踏まないよう君主と国民政府との支配機能の分担（妥協・折衷）をはかり、君主制帝国を踏襲しつつも「安定」した民主的な体制を維持していった。

日本でも一九世紀中頃に、イギリスの革命に二世紀近く遅れて、名誉革命と類似した明治維新民主化革命（革命的クーデター）が勃発し、類似の体制が生成した。この革命を主導した薩長の藩士達は、

「万世一系天皇」に統合的権威・権力を担わせ、自らが執政権力を掌握し、西洋近代化の政治を遂行していった。後にかれらは自由民権運動に促され明治憲法を制定し、イギリス同様の立憲君主制政体をとるように思われた。しかしかれら藩閥政府は絶対的天皇制に依拠し、ドイツの中央集権的な政治を模範にするに及び、民主的な政党政治はしだいに後退し、国家主義的専制と帝国主義的覇権の政治へと大きくシフトしていった。

本書の「主人公」となる革命思想家幸徳秋水は、このちょうど時代の変わり目に現れ、平民社を設立し活躍した。幸徳は当時すでにレーニンに先駆け帝国主義の本質、すなわちレーニンが等閑視した旧来の膨張主義的な帝国主義の闇（病）を明らかにし、同時に近代以降の金融植民地帝国主義をも批判的に論考していた。そして彼は当時の帝国主義を「二〇世紀の怪物：帝国主義」と総称し、同志達とともに反帝国主義および社会民主主義的な運動を展開した。なお前述の「二一世紀の超怪物：帝国主義」とは幸徳のかかる帝国主義の命名に因んで、ソ連・ロシアをはじめ、戦前の日本帝国と瓜二つとなっていく「社会主義帝国」の姿に核の脅威を重ね合わせ、著者がつけた総称である。それは近代から現代に及ぶ世界帝国主義の不条理と危機のグレードアップした実像を言い表している。ともあれ帝国主義の本質を見抜いた、当時の幸徳の卓越した観察と批評の「慧眼」は現代の混迷を生きる我々の道標となるであろう。本書は、世界に燦然と輝くかかる幸徳の「智慧」と「功績」を受けて、さらにその学習と批判的検証を通して、現代版：反帝国主義・社会民主主義の民主化革命思想・運動を形成していくことを目的にしている。

ところで戦後の日本は、戦前の軍国主義体制を否定し、多くの制約を抱えながらも社会をラジカルに民主化させた。だがそれはもっぱら他力（米国）による「成果」であり、当時の日本政府が主体的になしえたことはむしろ旧態依然の天皇制に執着することぐらいしかなかった。そのため戦後から現代に及ぶ日本の国家体制は、米軍の極東戦略と天皇制による複合的な支配の下、しだいに民主化の衰退と全体主義化を同時的に進行させていった。だがもしこの民主化が「他力」ではなく「自力」革命によって成し遂げられていたならば、決してこのような逆行的な社会は現前しなかったのではないか。ましてや戦前に民主化革命が実現していたならば、アジア・太平洋戦争自体を防ぐことさえできたであろう。しかし戦前の絶対天皇制帝国下にあって、果たして反体制的な勢力による民主化革命が成就可能であったろうか。「奇想天外」との揶揄を承知で、あえて「可能であった」というのが本書の答えである。著者の歴史的検証と考証によれば、当時とりわけ二〇世紀の初頭から三〇年代にかけて「第二維新民主化革命」の実現は夢物語ではなかった。本書の目的にかなう最大のテーマはしたがって、この幻の民主化革命を明らかにし、なおも仮説・想像・推論の言語の特権をフルに活用し、その成就の可能性と意義を問うことにある。

以上のテーマについて時代に即してもう少し詳しく述べておこう。さて諸々日本の近現代思想・イデオロギーは、日本社会を画期した明治維新の「文明開化」すなわち近代西欧文明の導入を以て、日本の「国民国家」化とともに形成されてきた。してその原動力となった近代西欧の思想・イデオロギーとは、国家主義、科学主義、資本主義、民主主義、社会主義などである。「国民国家」形成に関して言えば、特に民主主義と資本主義の果たした役割が大きく、その点では、日本の維新国家に誰よりも早く近代西欧の民主制度・民権思想と資本主義・社会保障制度を導入し流布させた福沢諭吉と渋沢栄一の「功績」と与えた「影響」は大きく、後のいかなる革新的な思想も、この二人の思想や業績を踏まえないわけにはいかない。かれらと国家観において一線を画すことになる幸徳にしてさえ例外ではない。

とはいえ幸徳の思想形成に民主主義思想は大きな役割を担ったが、資本主義については両義的で、彼は産業革命の先駆者としてワットの功績を認めたが、おおむね反資本主義的なスタンスをとった。結果彼は社会主義および社会民主主義をまた後に反体制的な無政府主義を主張し唱道するようになった。なおこの彼の思想の変化は方法的な発展によるものであり、原点はあくまでも民主主義思想にあり、ゆえにその「真髄」は「民主化」の思想にあった。ところで彼の民主主義思想の会得は、福沢諭吉や板垣退助および中江兆民達の自由民権運動・思想の影響によるものであり、特に幸徳の師中江のルソーばりのラジカルな民主主義思想と行動から受けた影響は大きかった。一方方法としての社会主義や社会民主主義に関しては、幸徳自らの外来思想の直接的な学習に負っている。彼はマルクス・エンゲルスの思想をはじめ様々な社会主義思想を学び、なかでもイリーの社会民主主義思想から大きな影響を受けた。また彼の無政府主義は、主としてクロポトキン達のロシア無政府主義革命思想から学んでいる。

幸徳思想の難点は、反資本主義的であったこと以上に、何よりもこの最後の、方法としての無政府主義にあった。それは中央集権を排除するという長所を有する反面、主権国家としての自治保障と国家主権の民主化という近代民主政治の原則をオミットさせ、覇権主義者による同原則のネグレクトに対抗できず、結果一層社会をカオスに陥らせてしまうという短所をはらんでいた。本書のテーマとなる「第二維新民主化革命」の実現は、実は幸徳のこの無政府主義の克服にかかっていた。それは難題ではあったが、しかし当時可能な状況にあった。つまり幸徳の反帝国主義・社会民主主義の思想に新たに平民社の元シンパでもあった北一輝の〈修正資本主義〉〈国家・国際連邦〉の思想を「補完」させることで克服できたはず。さらに両者が協働し、自余の反体制的な諸勢力と連携し思想的統一をはかり、明確なシナリオとヴィジョンを構築できたならば、革命成就も夢ではなかったであろう。

だが歴史はそれを許さなかった。そもそも北は当時幸徳から思想的影響を受けたが、その逆はなかった。結果幸徳と北が各々目指した民主化革命運動は、両者不本意のまま大逆事件と二・二六事件という「テロ（前者未遂）事件」に帰結し、両者とも反逆罪に問われ死刑となった。仮に両者の思想がタイムラグを超え、反体制的な思想・運動のタイアップを実現させ革命を成就させていたならば、国家自治に根ざした民主化した国（公）民国家が形成され、前述したように帝国主義戦争への道をも避けることができたであろう。しかしこの想定には大きなリスクもあった。何よりも国家内革命であるための、北の擬国家主義や自国帝国主義への「拘泥」からの革命の反動化という危惧である。だがそれも事前に幸徳をはじめ平民社系譜の人達と北とが虚心坦懐に議論することにより克服されたであろう。というのも幸徳と北の思想の間には大きな壁があったが、基本両者には社会民主主義的な制度改革を推奨し、世界的な観点から席巻する社会の危機や不条理を克服する意思があったからだ。だが皮肉にも二・二六事件での軍部の突出以降、あらゆる思想、イデオロギー、運動が国家統制社会主義と聖戦イデオロギーに回収され、民主化革命への夢は水泡に帰した。

戦後幻と化した「第二維新民主化革命」が、実質米・日政府の「上」「外」の権力間の駆け引きのなかで実現し、新憲法では主権在民さらには帝国主義を完全に否定する戦争放棄の９条が明記され、民主的な「国（公）民国家」が現前した。しかし天皇は「絶対」から「象徴」に変わっただけで、その「支配」は依然憲法で保障されている。結局「上」からの民主化は「維新」という制約を引きずったままで、前述したように戦後社会はしだいに国家主義的な「逆行」に転じていった。それでも現在日本は、民主制度・システムを建前では維持しており、現代世界の専制・独裁・覇権の支配する主権国家群に対しては、民主主義陣営の一員（主権国家）としての役割を担っている。また国内的にも、幸徳達が生きた時代と異なり、基本的人権が尊重され、「大逆罪」という悪法による「虚罪」によって死刑にされることもなくなった。

とすれば今後我々がなすべきことは、脱天皇制により統合的象徴を「上皇・天皇」から「９条憲法・主権在民」に移行させ民主化を一層推進するとともに、深刻の度を増している世界の国家主義・帝国主義の「闇（病）」を上下・内外から挫折させていくことにある。また同時にグローバルな近代科学技術・産業や資本主義の発達に伴う地球温暖化や貧困・格差の拡大、さらには自然の猛威（パンデミックや災害）を含めグローバルな危機に対し、国家を超えた地球規模の国際的な協力と合理的かつ適切な対策に基づき、国連の改革を含めた多層多様な、「第二維新民主化革命」を超える、第三の現代版：民主化革命運動を推進していかなければならない。

さて本書は「前著」の続編であり、世界の〈国家・資本・革命〉に関する俯瞰・論考の中心が、

「世界」史から「日本」史へとシフトされている。とはいえ私がこれまで署名したすべてのテクストはジャンルを超えシリーズをなし、しかもそのすべてに一貫した私の「身体」を軸にした「主体」性の哲学が織り込まれている。なおこの点については戦後日本の「主体性論争」に関する私の論考[2]で明らかにした。そこでは犠牲精神・教条主義に依らない、実存と社会の蝶番として重要な役割を担う、しかし国家によって制約された「身体」が最大のメルクマールとなった。ただ私の身体論は、土着的な東洋的身体思想とフォイエルバッハ由来のマルクスの「社会的身体」論とが多次元的に絡み合う哲学・思想によって成立しており、ゆえに福沢や中江にも見られた東洋唯物論的な思想と共振し、しかし何よりも幸徳の国家を超える未完の「新しい唯物論」に最大限共鳴した。それには集権的な関係性や組織を拒否し、いかなる国家（社会）主義にも追随しない唯物的、脱国家的な民主化の思想と魂が貫かれていたからである。宗教的観念を払拭し、しかし唯物主義にも陥ることのない幸徳の思想・哲学には、東西思想を止揚する身体への自覚があった。民主化（革命）遂行のためには、この彼の自由な革命思想をその発展・補完・更新・再構築を通して現代に蘇らせる必要がある。

（注）

1. 巻末図書参照
2. 巻末図書（『新・世界史の哲学』）参照

＊各章の括弧つきタイトルはすべて幸徳秋水の文言であり、また本書での引用文は、読みづらさよりも時代背景と各々著者の真意を斟酌し、おおむね原文のまま掲載した。

第一章　「二〇世紀の怪物：帝国主義」
——幸徳が生き活躍した明治という時代——

西洋近代の波濤と明治維新

日本（倭国）は、古来より長きに渡り、隣国の中国や朝鮮との間で派遣、交易を行い、侵略、戦争をも重ねてきた。一方日本列島内においては、豪族や部族が縄張り争いや権力争いを繰り広げ、また大陸の脅威に対する自衛・対抗の意識も芽生えるなか、しだいに覇権への意思が高まり、全国制覇・列島統一を目指すようになっていった。

三〜四世紀頃生成した大和国（朝廷）は、まさにその最初の統一国家であった。当初政権はなおも豪族達による反乱が続き不安定で、中国唐帝国（冊封体制）の対外的脅威に晒されたが、聖徳太子の制度改革（冠位十二階の導入・憲法一七条制定など）に続き、乙巳の変（クーデター：六四五年）に始まる大化の改新によって、唐帝国の律令格式の中央集権体制に倣い、「公地公民（土地・人民の公有化）」とともに、全国統一の官制改革が進められた。朝廷が律令体制を完成させるのに大宝律令（七〇一年）まで五〇年以上かかったが、八世紀初頭についに官僚的神話国家、すなわち天皇（「大王由来」）を頂点とした二官（太政官・神祇官）、八省（宮内省、大蔵省…）、また以上の中央官制と地方官制（国司・郡司・里長…）の各々の行政機構を設け、中央集権的な安定した統一国家日本（「倭」由来）を築いた。してそれは「日本」史の始まりを意味した。

しかしそもそも「公」とは天皇や貴族支配の「朝廷」であり、かれらによる統制と搾取は必然的に農民達の生産意欲を減退させ、中央の財政を揺るがした。そこで朝廷は再び土地私有を認め開墾を奨励し、結局公地公民制度と中央集権体制を崩壊させていった。一二～六世紀頃には、私有地に根付き武力を蓄えた部族達が貴族の政権を打倒し、ときに天皇をも排除し（流刑、…）、最高権力を掌握するまでになった。しかし覇権争いは止まず、なおも諸部族（国家）が乱立し、一六世紀をピークに群雄割拠の時代を迎えた。一方一六世紀当時世界では、ルネッサンス（一四～五世紀）を契機に近代科学技術文明が発達し、高度な航海技術を有したポルトガルとスペインによる大航海時代を迎えていた。そしてこの両国が、朝鮮・中国の文明を凌ぐ近代西洋科学技術文明をバックに、日本列島の最初の波濤となって、一六世紀中頃以降の室町時代末期から安土・桃山時代にかけて押し寄せてきた。先ず一五四三年にポルトガル人が種子島に漂着し鉄砲を伝来し、さらに四九年にフランシスコ・ザビエルが鹿児島にキリスト教を伝え、半世紀近く遅れて長崎平戸にスペイン商船が、また土佐にスペインの布教船が来航した。しかし一七世紀になると、世界の海上権の主役がポルトガル・スペインからオランダへ、さらにその後イギリス・フランスへと移っていった。その頃日本では、一六世紀末期に豊臣秀吉が武家政権による全国統一を果たしたが、一七世紀には豊臣政権を打倒した徳川家康が一六〇三年に江戸に幕府を開き、天皇（最高権威）を「御所」に留め、世襲将軍（最高権力）を頂点にした強力な身分制度（士農工商・他）と幕藩体制を基盤とした、「安定」した封建的な統一国家を築いていた。しかしその間も主役を交代した欧州の波濤は日本列島に押し寄せ、長崎平戸にオランダが商館を設置し、後にイギリス船が来航するなど、また日本からの欧州派遣も行われ、欧州との通商や交流が続いた。だがそれも長くは続かなかった。

欧州宣教師による万人平等を説くキリスト教の広がりに対し、封建制度の崩壊を恐れた江戸幕府は、一二年にキリスト教を禁止し、貿易をも管理・制限し、統制するようになっていった。そして三五年以降日本人の海外渡航と在外日本人の帰国さえも禁止し、対外貿易をオランダ、中国および朝鮮との交易だけに制限し、三九年にスペインとイギリスを完全に締め出し、さらに四一年にオランダ人を出島に移し鎖国政策を完成させていった。以後日本の鎖国状態が二〇〇年近く続いた。この政策は日本を世界から「孤立」させたが、江戸の幕藩体制を長く保たせた。しかし一八世紀末から一九世紀の初頭にかけて、その間以前よりはるかに軍事技術を発達させ帝国主義化していた露や英の艦船が日本に来航し通商をなかば強制するようになった（特に一八〇七年の露冠事件は重要）。幕府は二五年に一端は異国船打ち払い令を出したが、米船やデンマーク船なども通商を求めるなど外国船の来航が相次ぐようになると、しだいに打ち払い令を緩和せざるをえなくなった。そのようななか五三年に突如浦賀に大砲を擁するアメリカの大きな黒船が現れ幕府に開国を迫り、他方長崎でもロシアの使者が開国要求の国書を提出するに及び、ついに鎖国政策を転換することになる。幕府は、不平等な内容（治外法権の容認・関税自主権の否認）であったが、五四年に米と露との間に和親条約を結び、さらに五八年には米をはじめ蘭・露・英・仏とも修好通商条約を締結し、開国へ本格的に踏み出していった。

近代西洋の帝国主義の波濤は、幕府のみならず諸藩（主に薩・長・土・肥）にも及び、諸藩がそれぞれ西洋列強と反目しあるいは交流し合うなかで、むしろ幕府よりも近代西洋の文明・技術に影響を受け、積極的に軍事技術を導入するなど、しだいに幕府の武力を凌ぐ軍事力を身につけていった。一方開国気運が増すなか、幕府や諸藩の間には尊王攘夷論が根強く、公武合体論とともに論戦が日本の政局を揺るがしていた。ただこの論戦の本質は、「開国」であれ「攘夷」であれ、西欧列強に対抗できる強力な国家を造ることにあり、一体だれがかかる政権を担いうるかという点にあった。そこでナショナルな独立・自治の精神と国家主義的な野心すなわち権力への意思が各々の立場により様々に絡み合い、論争に発展していた。ただ国家権力から最も遠く離れ、しかも外国との接触の多かった薩摩・長州・土佐などの諸藩士達の間では、国家主義的な独立心と権力奪取の野心が混然一体となり、倒幕への意思が優先されるようになった。特に長州藩では尊王攘夷論が強く、鎌倉幕府以来の武家中心の封建的な政治には批判的であった。なかでも木戸孝允（桂小五郎、一八三三〜七七）と吉田松陰（一八三〇〜五九）の覇権主義的な尊王攘夷論の影響が大きく、吉田が開いた松下塾の門下生であった伊藤博文（一八四一〜一九〇九）や山県有朋（一八三八〜一九二二）および井上馨（一八三五〜一九一五）達は、木戸や薩摩藩の大久保利通（一八三〇〜七八）や西郷隆盛（一八二七〜七七）とともに、天皇制大和国を再統一しその強化・膨大化を目指すようになっていった。

一九世紀後半になっても国内の主義主張の混乱が続き、過激な攘夷論者による外国人襲撃や外国船との戦いが止まず、結果六四年に米・英・仏・蘭の四国連合艦隊によって下関が砲撃に晒された。長州藩内の出来事であったこともあり、長州藩士達にとってはまさに青天の霹靂であり、日本の独立に対する脅威を直に感じ、諸藩の結束と行動を促すことになった。そこで六六年に長州藩は土佐藩の坂本龍馬（一八三五〜六七）を介し、木戸孝允と薩摩藩の西郷隆盛との間で薩長同盟を結んだ。して速やかにかれらは近代的装備を身につけた薩長連合軍を形成し、さらに「尊王」を掲げて「皇軍」に昇格させ、すでに弱体化していた幕府に代わり大和国を統一し強化すべく倒幕を目指し立ち上がった。そしてついに薩長同盟軍は幕府の無血開城と水戸藩などの「残党」の掃討によって維新革命を成就させた。六七年に土佐藩の尽力により大政奉還され、次いで神武天皇創業に遡る、実質明治天皇（一八五二〜一九一二）による王政復古の大号令が出され[1]、翌年正式に明治維新がスタートした。

前述したように、日本が鎖国状態を続けている間に、欧米列強を中心とした帝国主義が地球全体を覆い始めていた。ヨーロッパ諸国は、大航海時代の始まりと同時に、世界各国に交易や植民の拠点を築き、莫大な資本を獲得・略奪・蓄積し、国内的には近代民主主義を基調とした啓蒙思想やシステム、また合理実証主義的な科学や科学技術の進歩の下に資本主義を発達させ、軍産的国力を増大させていた。革命的クーデターおよび維新民主化革命の立役者となった日本の志士達にとって、当時のヨーロッパ諸国はまさに驚異（脅威）の列強にほかならなかった。維新政府の課題はゆえに、大和国家再現の絶対天皇制と西洋近代システムを結びつけ、強力な中央集権体制による富国強兵と文明開化を同時に成し遂げることにあった。

そこで先ず維新政府は、薩長の大久保と木戸を中心に、六八年に天皇が神々に誓約する「五か条の誓文」を発布し、公議世論の尊重、官吏公選制の採用および開国和親を宣言し、次いで中央政府を太政官に権力を集中（三権分立は名目）させるため政体書を発布した。そして同年年号を明治と改め、天皇を一世一元（元号）と定め、京都（御所）から東京（江戸）に遷都させた。翌年かれらは古代律令制度に倣い、天皇を頂点とした中央集権体制の再建を目指し、「薩・長・土・肥」を始めすべての藩に土地と人民を朝廷に返上させ（「公地公民」化：「版籍奉還」）、地方分権的な幕藩体制を解体させるとともに、中央政府の官制改革を行い、太政官（左右大臣・大納言・参議）に神祇官を並置した祭政一致の大和国同様の方針をとった。そして七一年に木戸と西郷が中心となって、政府任命の府知事・県令を配し「廃藩置県」を断行し、中央集権的な国家体制を構築していった。なお中央官制は後に古色一新の改革が行われ、太政官の最大の行政的権限を有する正院（太政大臣・左右大臣・参議）を中心に、右院（七五年廃）と左院（立法審議機関：七五年元老院：九〇年廃）を配し、神祇官が正院（左右大臣）の下に格下げられ、大蔵省、外務省、宮内省、文部省…並びの神祇省となった（七二年廃）。そして各々の要職に「薩・長・土・肥」の元藩士達が配置され、かくして藩閥専制的な近代官僚システムを完成させた。

次に政府は、以上の政治・官僚改革に平行して、経済社会全般の近代化に着手していった。六九年の電信開業を皮切りに、七一年には前島密（一八三五〜一九一九）による郵便制度の導入、伊藤博文律議の新貨条例発布に基づく金本位制の導入と度量衡の統一、そして七二年には官営富岡製糸工場の設立、国立銀行条例の制定、伊藤・大隈重信（一八三八〜一九二二）両者発案による鉄道開業へと、通信・興業・金融・交通などのインフラを整え、経済社会全般の近代化を進めていった。ところでこの近代化のインセンティヴは、実は維新以前すでに欧米を見聞し西洋近代の知識をいち早く身につけた元幕臣の福沢諭吉（一八三四〜一九〇一）と渋沢栄一（一八四〇〜一九三一）の民間人の影響によるものであった。かれらが政府要人の文明開化断行の火付け役となったのである。

ちなみに福沢の近代西洋事情の紹介（後述）に触発されて、国際的なプレゼンスを高め列強並みの国家にするために、当時政府の重鎮だった大久保、木戸、伊藤達が、岩倉具視遣欧米使節団を形成し、条約改正交渉、国際親善、欧米社会の見聞を目的に七一年末頃に渡航した。またその間留守を預かった大隈も、重要政策の施行待機の約束を無視し、福沢と渋沢の知識と能力を借り、井上馨達とともに社会的開明政策を推進していった。大隈達は、先ずは福沢の影響の下民主化政策に尽力し、六九年の封建的身分制の廃止と七一年の「解放令」を受けて、七二年に戸籍編成さらに国民皆学の学制発布を施行し、諸々の封建的な制限や複雑な身分制度を廃し、天皇・公家をはじめ華族や一部士族を残しつつも「四民平等（士農工商の身分制の廃止と平民化）」や、職業選択・移転の「自由」の施策を進めた。しかし維新国家の基本方針であった富国強兵と文明開化は留守政府にとっても重要課題となり、そこでかれらは渋沢の助力の下社会経済開発を進め、また七三年に山県有朋主導による徴兵令を布告し、さらに陸奥宗光（一八四四〜九七）と松方正義（一八三五〜一九二四）を主導に地租改正（現金納付）を行い、名実ともに富国強兵・殖産興業に基づく近代的な統一国家形成に尽力していった。

皇国体制下の「国民国家」形成

維新統一国家において、圧倒する欧米列強帝国に対抗するための最大の方策は、軍事力強化にあった。そこで政府は軍備増強と軍の統制を重大方針とした。布告された徴兵令には、そんな政府の強い思いが託されていた。だがそれには地位・権力・財力ある者達の免役項目があり、徴兵はおよそ貧しい農民、労働者、士族達によって担われた。それゆえ当時福沢の民権思想の影響を受け高まりつつあった自由民権運動に同調し、徴兵令反対の一揆や不平士族の反乱が発生し、七七年には最大の反乱、陸軍大将西郷隆盛の率いる西南戦争が勃発した。この大乱は、山県達陸軍中将の指揮の下で鎮圧されたが、翌年再び最優秀兵とみなされていた近衛砲兵の反乱（竹橋暴動）が起こった。この体制の足元を揺るがす「暴動」に、軍の統制に手を焼いていた山県は驚愕し、鎮圧の徹底と同時に兵士に「軍人訓戒」を以て天皇命令に絶対服従と政治関与の厳禁を強制した。そして八二年に、全兵士に対し天皇への絶対的忠誠と犠牲精神を強いる「軍人勅諭」を下した。

こうして山県は最高機関としての天皇の統合機能を利用し、兵士を天皇神道によって洗脳し、見事に統率された「天皇の軍隊（皇軍）」をつくり上げた。同時に政府は、軍部のまた軍部を支える国民の生活基盤の保障により皇国意識を育成するなど、社会と教育の役割を重視し、軍を統制化した後も七九年に教育令、八六年に学校令を施行し、自由教育ならぬ強制的で画一的な、近代的かつ国家主義的な教育政策を実施していった。そして九〇年に、大日本帝国憲法の発布（後述）を受けて、山県総理の下「軍人勅諭」をも包み込む、臣民（国民）が「天壌無窮ノ皇運ヲ扶翼スヘシ」ことを諭した忠君愛国と家族道徳を説いた「教育勅語」が下された。[2]

天皇制国家主義体制が強まるなか、民権を重視する人達は「国民国家」の形成に尽力していった。

大隈の「上」からの「民政」に遅れて、やがて「下」からのいわゆる自由民権運動が湧き上がってきた。その発端となったのが、七三年の征韓論をめぐる政権内の「内輪もめ」（明治六年の政変）であった。維新政府設立直後に副島種臣（一八二八～一九〇五）が高圧的な対朝交渉を行い日朝関係が悪化し、岩倉使節団の留守の間に、「征韓」が副島・西郷・板垣退助（一八三七～一九一九）・後藤象二郎（一八三八～九七）・江藤新平（一八三四～七四）達参議により決定された。しかしこの決定は、帰朝した使節団の大久保達によって、内治重視の立場から時期尚早として退けられ、いわゆる征韓派達の主張が一蹴された。結果征韓派参議達は下野（辞職）し、政権分裂の危機を招いた。ただこの「政変」は「征韓」の時機の適・不適の相異によるものであり、両陣営とも対外基本方針（方略）において「征韓」である点では変わりがなかった[3]。しかし前参議達の下野が、結果的に議会政治の民主化を促す自由民権運動へと発展していった。かれらは社会的・政治的自由を獲得するために政治結社（愛国公党）をつくり、七四年に民選議院設立の建白書を左院に提出し、憲法の制定と国会の開設を要求した。

この民権運動が全国に波及し、前述の兵士・士族達による反政府運動に結びついたが、しかし西南戦争に敗北すると運動の中心が再び国会開設請願運動へと移り、パワーの増した請願運動の勢いに押された政府は、国会開設の必要性を認めざるをえなくなった。八一年に開拓使官有物払下げ事件に対する政府批判をかわすために、当時ドイツ流の専制的な立憲制の導入を考えていた岩倉や伊藤達政府中枢が、イギリス流のリベラルな早期の憲法制定・国会開設を主張していた大蔵卿の参議大隈を罷免すると同時に開設の詔を出した（明治一四年の政変）。この詔を受け、開設に向けて政党結成の動きが活発化し、先ずフランス流のラジカルな自由主義を主張する板垣を総理とし後藤、植木枝盛（一八五七～九二）、中江兆民（一八四七～一九〇一）達土佐藩出身者を中心とした自由党が、次に下野した大隈を総理とするイギリス流の穏健な立憲改進党が、そしてなおも伊藤によるドイツ流の専制保守の立憲帝政党が結成され、こうして明治維新国家が「国民国家」の基盤となる政党議会政治成立に向けて歩み出した。

一方「国民国家」の経済的基盤は、渋沢による金融インフラの整備（後述）を受けて、罷免された大隈に代り地租改正に「成果」を上げた松方の「上」からの政策により構築されていった。とはいえその副ならぬ負の作用は大きかった。新たに大蔵卿となった松方は、西南戦争後の「財政赤字（戦費による）」を克服すべく、大隈のインフレ政策とは異なるいわゆる松方財政を実施した。彼はこれまでの不換紙幣を回収・整理し、八二年に新たに設立した日本銀行から八五年に兌換銀行券を発行した。しかしその結果米価が急落し農村恐慌（デフレ）が発生し、相次いでこれまでのインフレで成立していた中小企業が倒産し、さらに中小の農民が土地を失った。他方資本（土地、資金、…）が集中することで豪農が発生し寄生地主制が確立すると、一端は国会内議会活動へと収斂した自由民権運動が、再び新たに農民を主体にした加波山事件や秩父事件など自由党左派を中心とした「下」からのラジカルな農民民権運動へと発展していった。しかし山県は、この「過激」な運動に対し八七年に保安条例を制定し弾圧を加え、議会内では懐柔策を以て民党を分裂させ、民権運動の鎮静化をはかった。他方松方財政は中・小農民を困窮化させたが、通貨の安定と物品輸出の増大により投資ブームを高め、さらに官営事業の民間払い下げにより民間資本（おおむね政商）を育成し、私企業の経営を促すことで、資本主義経済を進展させていった。

さて明治維新の「国民国家」形成において、我々は陰の功労者・先駆者として福沢と渋沢の果たした役割の大きさを知った。福沢は近代の民主主義政治、諸制度全般の導入および学問、思想の啓蒙に、他方渋沢は近代資本主義と社会福祉政策の進展に貢献した。してそのようなかれらの功績が、現在もなお称賛され銅像や紙幣の肖像ともなっている。確かにかれらが皇国体制下においてなお近代的な国民国家形成に貢献したことの意義は大きかった。しかし同時に両者には決定的な瑕疵と限界もあった。以下福沢・渋沢の順に、この点を踏まえ、各々の思想と業績について検証していこう。

先ず福沢について。彼の青年期はきびしい鎖国体制および幕末動乱期にあった。当時の民間の文士達は、蘭書などを通してまた西洋の軍艦や軍事兵器の凄さを見て、日本よりもはるかに優れた学問や技術を有する欧米社会を直接見聞したいという、ある意味憧憬にも似た、それに好奇心や野望の入り混じった心情に支配されていた。福沢の渡航当初の思いもまさにそのような心情ではなかったか。渡航困難な時世のなか、彼は幸運にも大政奉還に至る前のわずか七年の間に、都合三回の欧米渡航に恵まれた。使節派遣のための幕府の随行員という幕臣福沢の役目が幸いしたものと思われる。しかし彼のこのような欧米渡航が自身の好奇的な心情を超えて、幕末・維新期の日本政治に思わぬ影響を与え、彼を明治維新の先覚者および立役者にしていった。してその最大の原因は、福沢自らの海外体験を綴った『西洋事情』[4]にあった。初版（六六年）は、特に西洋の政治、税法、国債、紙幣、会社、兵制、科学技術、学校、新聞、文庫、病院、諸福祉施設、図書館、博物館、博覧会、蒸気機関、電信機、ガス燈など、文物、思想、政治、経済など生活社会全般についての紹介であり、それゆえ幕末の多くの幅広い層の各界名士、志士、知識人、そして大衆の西洋社会に対する関心を高め認識を深めさせた。特に将軍徳川慶喜をはじめ幕臣達の、また薩長をはじめ諸藩の志士達の心情を動かし、結果明治維新への移行を促し、指導者達に近代化政策実施への揺るぎない自信と情熱を喚起させた。

革命的クーデターを成功させた政府は、早速福沢に仕官を求めたが、福沢自身従来から「公武合体」による中央集権的な政府を思い描き政府設立者達と気脈を通じてはいたが、しかし幕臣出身にしてしかも未だ攘夷論の入り混じった薩長の志士達に直接関与することを厭い、断った。だが間接的であれ『西洋事情』の与えたインパクトは大きく、また福沢と直接親密な関係にあった政府内部の者達が政府中枢に国内制度の西洋社会並みの近代化の重要性を進言したこともあり、そして何よりも前述したように福沢に影響を受けた大隈が政府要人だったことから、維新政府の近代化政策が速やかに実施されていった。

なお大隈は直接福沢と親しい関係にあり、福沢の当該書の、特に歴史的に熟考され、彼の思想の原型をなしていた「備考」を重視した。その冒頭で福沢は英国の政治を、立君政治と貴族政治と共和政治の「三様の政治の混同」ととらえ、これを相互に補完しうる「一種無類の政治」として評価した。さらにまた彼は独裁に陥らない「国法寛」にして「自主任意」の政治の説を紹介し推奨した（三五七頁参照）。大隈による英国の穏健で「安定」した政党政治制度の推奨は、まさにその影響によるもの。しかし採用された「徴兵制」は同様に福沢紹介によるものだったが、それは仏国ナポレオンの「報国尽忠の心」をいだく強力な常備軍を基盤とした兵制（三六七頁参照）を参考にしていた。当初よりすでに福沢の国権と民権との、正しくは国権優位の中央集権と独立・自由な民権との折衷的な、まさに絶対矛盾的自己同一的な政治的スタンスが見られた。ちなみに当該書は総論的な情報と意見の披露というスタイルをとっている。要約すると、①国権優位の民権重視、②信教の自由と政治との独立、③科学技術の振興と発明の意義、④学問の自由と男女同権の教育の重視、⑤国法に順じた産業の奨励、となる（三五八頁参照）。以下後の彼の著述のなかで、各々要点がどのように継承、発展、および変化していったかについて順次考察していこう。

　後世福沢の名を最も高めた『学問のすすめ』（七二～六年）[5]では、要点④が中心のテーマとなった。そこでは彼は万民同権の下で、学問上の分限を知り「物事の理」と「身の才徳」を自由に学習することを重視し、特に「実学」を推奨した。また男女に関しては、J・S・ミルの『婦人論』を紹介するなど（一二九頁）、男女同権説を主張している。さらに①にも関連し、「個人の独立」とともに「国家の独立」を重視し、主権国家の相互尊重を主張した。欧米富強とアジア貧弱の関係は明らかであり、ゆえに維新国家の自由独立のために「報国の大義」や「愛国の意」を重視し（六一～五頁参照）、他方国内的な専制政治に対しては、政府に従順であることも一揆などによる反抗でもなく、「忍と時間と正理に従う」（八七頁）ことを推奨した。なお学制の公布にあたっては、個人と国家の独立を謳い自由と平等の重要性を説いた福沢の当書が参考にされた。当時彼は、国権優位の考えではあったが、新進気鋭の「革命家」の風貌を備えていた。かつて彼は緒方塾で学び塾頭となり、次いで自らが蘭学塾（現・慶應義塾）を開くなど、特に学問・教育の向上と改革に尽力した。後に森有礼（一八四七～八九）や西周（一八二九～九七）とともに西洋啓蒙思想を広めるために明六社を結成し（七三年）、明六雑誌や新聞を発行するなど、学問の向上のために積極的に活動した。

次に『文明論の概略』（七五年）[6]では、福沢は①を基調に文明についての総論を展開する。先ず彼は、人民の会議・出版・演説の自由を重視した上で（一五七頁参照）、西洋文明を目的に日本の独立を目指すことを「議論の本位」に定める。そしてそのために文明化の段階を野蛮・半開・文明の三段階に分け、「半開」国である日本が文明国（欧米諸国）を目指し同等の独立国家となり、さらに植民地帝国主義的な西欧の限界をも超えていくべきことを主張した。ただし「文明には外に見れる事物と内に存する精神と二様の区別あり。外の文明はこれを取るに易く、内の文明はこれを求むるに難し。国の文明を謀るにはその難きを先にして…」（一六二頁）すなわち国家独立の精神を高めることにある。なおその場合国権重視の、「政統」および「血統」ならぬ「国体Nationality」を守ることが最大の義務とした（一六九～七六頁参照）。さらに②と関係するが、宗教や儒教は政治と一線を画すべしとの信条から、日本の宗教が独立することなく王室（皇室）の威光や政権の「奴隷」となってきた歴史を批判し（二〇二～三頁参照）、「宗教は一身の私徳に関係するのみにて、建国独立の精神とはその赴くところを異にするもの」（二一二頁）と革新的な言説を展開した。だがそこには、なおも天皇制神道の貫徹する「国体」を受容する福沢の矛盾と限界が内在していた。

さらに『通俗国権論』（七八年）[7]では、福沢は重ねて国体に関わる治外法権と国権の重要性を議論し、平和外交を踏まえつつ、不可避の「外戦」のための（四二二頁参照）、国権の拡張そのための産業と兵力の実質的な増進を主張した。次いで『民情一新』（七九年）[8]では特に③と⑤に関連して、文明開化の弁証法的というよりも二元折衷的な発展の理解と自覚について述べている。つまり彼は、文明開化は内（精神）と外（物質）の二元において認められ、前者を先行すべきであるが、そこでの進取と保守の二元に関しては「内」に一方的に依拠するような社会主義的なチャーチスト運動などを批判した（四二八〜九頁）。すなわち進取を象徴する甲（都会、智、少年、貧、民）と保守を示す乙（田舎、愚、老年、富、官）との間の矛盾は、乙から甲への「実益」と「制御」による漸次的移行を以て解決すべし、とした（四三四〜四〇頁参照）。他方「外」の文明開化については、その原動力を「社会的交通」に見出し、「蒸気船・車、電信、印刷、郵便の四者は一八〇〇年代の発明工夫にして、社会の心情を変動するの利器なり」と重視した（四四〇〜六頁参照）。彼のこの鋭い唯物論的観点も、皮相的観念的な二元論により思想的明晰性を欠き、結果妥協の政治論に陥ってしまっている。

しかしそれでも彼の民主的な議論やスピーチを尊重する思想は、直に自由民権運動に大きな影響を与えた。当時福沢の思想に共鳴した馬場辰猪（一八五〇〜八八）は板垣を感化させ、また同じく福沢の演説に共鳴した植木枝盛は、福沢の「国権のための民権」という論調をさらに批判・徹底し、民衆の「抵抗権」を重視した「私擬憲法」案を起草した。明治一四年の政変で、福沢も大隈一派として中央から排除されたが、しかし国会開設の参照となった「国会論」は、実は福沢の『通俗国権論』などに基づいていた。ただ彼の民権重視の思想は、自由民権運動が退潮していくなかで、特に『時事新報』（八二年〜）への寄稿辺りから、明らかに「国権主・民権従」の国家主義、さらに帝国主義へと傾斜していく。[9] とはいえ民権が軽視されたわけではない。八五年の当該誌上に、彼は「日本婦人論」を掲載し、[10] 国民国家に相応しい革新的な男女同権を論じた。しかし政治論では、前述の文明発展の三段階説を、さらに未開（亜細亜：朝鮮）‐文明（日本）の二段階説に単純化させ、あえて亜細亜蔑視の「脱亜論」を表明した。男女および国家間の同権を主張する福沢が、自らの差別意識を自覚しないままに、以前にもまして対アジア「蔑視」が強くなり、「亜細亜の固陋」「〈陰陽五行〉の妄説」「無智で無法で共に志を同じくすることのできない」「悪友」であるとまでこき下ろす。そこにはアジアの民族的・民主的な自覚に根ざした民衆の革命精神への共感や評価が微塵も見られない。[11]

福沢は、日本および亜細亜が「東洋のポーランド」(後述)にならぬよう日本の独立と朝鮮の近代化(近代的革命を目指す朝鮮独立党への支援：後述)を願望していたのだが、彼の近代化への過剰な政治的信念が結果的に自らの民権思想を、民権をネグレクトする国権優位の国家主義や「国権皇張論」へとシフトさせていった。そしてついに彼は大陸への武力干渉を積極的に肯定し、政府に先駆け日清戦争を促すなど、自らが批判した帝国主義を称揚していった。なおこの時期明六社同人の森も後に文部大臣となり、皇国主義教育を担う学校令を施行し、日本帝国形成の一翼を担っていった。

産業技術と資本主義の発達

ところで福沢の「社会的交通」をなす「外(物質)」の発展、すなわち科学(工学・化学)技術の革新や利器の発明による産業の発達は、文明開化のための必須条件であった。福沢の主たる関心は政治・思想にあったが、同時に産業・経済に対する関心も高く、殖産興業、商業、貨幣など多岐に渡る評論(特に時事新報評論として)が見られた。しかしながら彼自身は実業として出版業の自営にとりかかった(六九年)にすぎない。いずれにせよ近代国民国家の形成において、民権・国権論や政党議会政治とともに、産業や資本主義経済の発達が不可避であり、実業・経営が重要な課題となる。

そこで次に日本資本主義の父と目されている実業家渋沢栄一の業績にフォーカスしよう。一介の商人から幕臣となった渋沢は福沢より少し若く、福沢に少し遅れて六七〜八年の明治維新前後の年に、幕府のパリ万国博使節団の随行員として渡仏した。彼は当時フランス（ナポレオン帝政）の近代的な経済社会への見聞を広め、またフロリヘラルト（名誉総領事）との接見を通して特に株式・証券・公債・銀行あるいは鉄道に関する金融・実業の基本を学んだ。帰朝後渋沢は早速六九年に静岡藩に「商法会所」を設立するなど本領を発揮し、後に大蔵省の大隈の下で一官僚：民部省租税正（改正掛長兼務）となり、制度的な基盤づくりに着手することになった。先ず彼は株式会社普及のためのマニュアル作成・発行にあたり、資本主義経済の土台を築き国家としての近代日本のインフラ作りに現場で幅広く手腕を振るった。七〇年には実際に官営富岡製糸工場の設立に関わり、七二年には国立銀行条例設立を主導し、同時に民営の国立銀行をつくらせ、資金を貸し付けさせるなど、大いに活躍した。

とはいえ藩閥政府の下では、旧幕臣の渋沢の肩身が狭く、また官僚の身での改革の限界をも感じ、七三年に彼は大蔵省を退官し、一実業家として産業と資本主義を発達させ、国家の発展に寄与することにした。先ず彼は在官時代の銀行条例の立案制定への関与を引き継ぎ、退官後も「近代的銀行制度」の立ち上げの具体化として、第一国立銀行創設に取り組んだ。国立銀行条例に従い株式公募が行われると、渋沢自らが株主となり、七三年の創立総会で、頭取取締り支配人の処務を補助検案し、銀行の一切の事務立則や現務に対し、また頭取以下諸役員の執務の実況に対し、すべての役員の上に立ち管理・監督する権限を有する「総監役」を株主の中から選任することを提案し承諾させた。そして渋沢自らが当役に就任し後に頭取ともなり、銀行の実質的な最高責任者として設立に関わる様々な問題に取り組み経営基盤の改善と改革に尽力した[12]。

渋沢の稀有な経営能力と誠心誠意の絶えざる努力は、在官時代や銀行経営の実務のさなかにおいてさえ、民間事業の育成に向けられていた。して彼が最初に手掛けた民間事業は、新聞発行などに要する大量印刷が可能な、すなわち文明の基となる洋紙の製造（業）であった。彼はすでに在官時代に、当初足並の揃わなかった業者を説得し、七三年に抄紙会社（後の王子製紙）を創立させた。そして同年退官後に、大蔵省や第一国立銀行での経験や繋がりを背景に、株主の合議の下に彼自らが当抄紙会社の「頭取代」となり、株主の同意に従い主導的に経営の手腕を振るっていった。先ず彼は工場敷地の選定や技術上の問題など多くの困難をクリアし、立地条件の最適な場所を選定し工場建設を着工させ、次に技術的基盤を固めるために優れた人材を適用・育成させるなどして経営を軌道に乗せ、七〇年代後半に一時期経営危機に陥ることもあったが[13]、その脱却とともに無事会社を大きく発展させていった。

なおその頃には、渋沢はさらに銀行を介した商業金融を広く円滑に進めるために、商品を預かる倉庫業やとりわけ海上輸送のリスクを軽減する損害保険業（東京海上保険）の設立に力を注ぎ始めていた。また七八年には株式取引所条例の制定を受けて、彼は東京株式（証券）取引所を設立した。近代的な産業発展の重要なツールとして株式会社制度を重視していた渋沢には、自らも反対する投機的取引を危惧しつつも、あえてかかる株式取引が円滑に行われるための場所が必要と理解していた。とはいえ当初は売買における株式の評価が定まらないなど、取引所が十全に機能し軌道に乗るのはずっと先になる。しかし彼の事業の貢献は、八〇年以降も大阪と三重での紡績会社の設立・再建、また八七年には化学技術の発達とともに東京人造肥料会社（後の日産化学工業）の創立など、幅広く及んでいった。

彼の経営行動にはしかし「闇」も付きまとった。八〇年に渋沢は足尾銅山開発組合に参加し、国立銀行借り入れで資金を援助し、自らも大きなリターンを得た。一九〇一年に始まる足尾銅山鉱毒事件勃発の前の八八年に彼は組合を脱退したが、果たして当事件に対しいかなる責任を感じ行動したのか不明である。また彼はグローバル資本主義を先取りするかのように、外国人の国内での経済の自由化や外資の導入を進めたが、他方帝国主義に同調し、企業の海外（植民地）進出を促した。具体的には、七六年に渋沢の指揮する第一国立銀行が日清修好条規（前述）を踏まえ清国の借款に対し交渉・貸し付けを行い、また不平等な日朝修好条規（前述）締結により開港された朝鮮各地に支店を出し、九五年に一方的に開港場で通用する銀行券を発行し、近代的な金融・通貨制度を整備していった。また彼は国益のため韓国における鉄道建設にも深く関わっていった。

日清戦争後の三国干渉を受けてなお渋沢は、米国の支持を受けて株主投資により一九〇〇年に京仁鉄道を敷き、さらに遅れて京釜鉄道を日露戦争の勃発のなか軍部の加勢もあり〇五年に建設にこぎつけた。彼が主導したこの朝鮮半島の幹線鉄道の開通は、韓国の開発・近代化にも寄与したが、日本軍による軍事利用を通してむしろロシアに代わる韓国および満州の実質的な植民地化を推進させることになった。渋沢の韓国の「独立」と日本の「利益」を同時に達成するという主観的かつ独善的な意思とは関係なく、彼の対アジア事業は結局日本帝国主義の目的にかなうものでしかなかった。この点では、福沢の朝鮮近代化のための支援などが日清戦争への引き金になっていくのと似ている。ただし渋沢自身皇国主義者ではあったが、植民地帝国主義者ではなかった。むしろ軍縮を重視し、政府の軍事主義にも軍備増強にも批判的であった。また観念的ではあったが官・民および労・資の間の人格的対等を主張し、専制的な覇権政治を忌避した。後の社会慈善事業への貢献も、そんな彼の気質を物語っている。実際に彼は東京府養育院や東京商科大学（現・一橋大学）の設立など、福祉や教育の発展に力を注いだ。アメリカでの日本人排斥問題に対しても、日米の交流を拡大するなど積極的に改善に取り組んだ。また関東大震災の折も義捐金収集するなど支援・復興活動にも身を挺した。

ところで以上の渋沢のエネルギッシュな行動の源はどこにあったのだろうか。彼は金融やインフラを整備し、また人材の育成にも力を注ぎ、日本近代産業の育成や株式会社の近代化に尽力したが、自らが財閥を形成せず、競争とルールにより常に公益性を担保させ、他方労資協調・融和を進め、社会政策などの社会保障を重視するなど、ある意味「健全」な資本主義社会の成立・発展に、また「経済の民主化」に大きく寄与したと評価されうるであろう。そこには自由民権運動の影響と、彼流の「論語と算盤」「公益と私益」すなわち「道徳・経済合一説」を重視した行動原理があった。とはいえ彼の競争とルールによる公益性を重視した事業いわゆる「合本主義[14]」や、アダム・スミスばりの市場に道徳を介入させる「論語の精神」には、一貫した政治思想が見えてこない。自らが「政教分離」をモットーとしていたが、しかし他方彼は政府の「要人」かつ華族であり、したがって天皇制神道を奉じ、維新政治を支持および享受していた。いかに彼が経済の合理性から「対等」を説いたとしても、自らが天皇からの度重なる褒章（瑞宝章など）や勲章授与を誇りとし、「男女平等」を説きつつ、女性はあくまでも「良妻賢母」として自らの欲望の対象として扱うような、そんな彼の「限界」と無自覚な言動が透けて見える。なおこの点に関しては福沢の男女同権の思想のほうがはるかに革新的であった。

福沢と渋沢がヨーロッパ植民地帝国主義列強から日本の自治独立を守るために政治的、軍事的かつ経済的な国力増進に寄与したこと、明治維新の近代化のために国民国家の形成に、また個人の独立や民権の確立および庶民の福祉に尽力したことは、そこに少なからぬ問題、限界、矛盾があったとしても、一定の評価・功績は認められるべきである。だがそれは「自治」という自覚と民主化の認識に基づくかぎりそうであって、自覚・無自覚を問わずそこに同伴する専制、拘束・排除、覇権の皇国主義政治への加担があるかぎり、すなわちナショナリズムが天皇制国家主義に収斂し、日本自らが植民地帝国主義へと拡張していくその「動因・動力」となった点では、まさに「反動的作為」との誇りは免れえない。両者とも「官尊民卑」を批判し、「政教分離」を主張する一方で、「忠君愛国」「官民一体」の皇国主義を奉じ、意に反しあるいは無自覚にも、なおもアジア植民地帝国主義の先兵を担うことになった事実に目を覆ってはならないのだ。

とはいえ皇国体制下にあって対外覇権主義を批判することは思いもよらないことであり、たとえば前述の急進的な馬場辰猪や植木枝盛さらに中江兆民達のような、福沢以上に民権重視の革新的な人物達でさえも、帝国主義は批判の枠の外にあった。なかでも中江は議会改革において最も先鋭で、また渋沢の半民間的な上からの会社経営ではなく、生粋の民間実業家として企業活動にも携わったが、しかし政治的には結局国家主義の傘から脱却できず、帝国主義の罠に陥っていった。ところが中江の弟子幸徳秋水（一八七一〜一九一一）は、彼の人民主権の革命精神をさらに徹底させ、国家主義・帝国主義の「闇（病）」を看破し、反戦・反帝国主義の思想・運動を展開していった。

帝国主義国家への途

幸徳の反帝国主義の思想や運動について語る前に、明治維新政府が帝国主義国家を形成していく経緯・動向について学習しておこう。さて帝国主義への途は、すでに明治維新成立前から豊臣秀吉による朝鮮遠征に始まる「アジア侵略」において、しかし何よりも佐藤信淵の「皇国日本の世界征服」の思想を継承し、尊王攘夷とアジア支配への「雄飛」を説いた吉田松陰の思想において準備され、明治維新前後の「征韓」論そして後の大日本帝国の構築に及ぶ長州閥を中心とした覇権主義の系譜において看取できる。[15] ただし維新当時の政府内では、皇国日本の「海内」という発想が共有されていたが、独立自治という一主権国家としての確立や考えが優先していた。実際に七一年の対清修好条規の締結に「失敗」した（列強並みの最恵国待遇がかなわなかった）ときも、対外派兵には時期尚早といった慎重論や抑制論が支配的であった。だがしだいに強硬論が台頭し覇権的拡張政治が前面化していく。してその端緒となったのが、政府が琉球、台湾および朝鮮に対する清王朝の冊封関係の強制的な廃止を求め、皇国日本への統合を策謀していく「琉球処分」であり、台湾問題発の「征台」であり、そして江華島事件による「征韓」であった。[16]

先ず「琉球処分」について。かつて琉球王国が江戸幕府成立間もなく薩摩藩によって侵攻され（一六〇九年)、以後日清両属となった。しかし維新以後明治政府は、一八七一年に木戸孝允や西郷隆盛により廃藩置県の施行とともに、琉球を鹿児島県に編入(植民地化)させ、七二年には井上馨が琉球王を天皇の前で「琉球藩主」であることを誓わせ、そしてその七年後に伊藤博文が改めて廃藩置県(沖縄県)を言い渡した。この「琉球処分」すなわち琉球(沖縄)の帰属問題は、太平洋戦争後も、米軍による占領そして米軍基地付き返還と、長い間沖縄(琉球)住民を惑わせ苦しめてきた。

次の台湾問題は、琉球処分に伴って発生してきた。七一年に琉球島民の船が台湾に漂着し乗船していた人達が高山族(台湾住民)によって殺害され、さらに七三年に内地の島民達が略奪にあった。すでに琉球を「植民地」化していた日本政府は、清国に派遣していた福島種臣をこの問題の交渉にあたらせ、結果高山族が清王国に服さないという言質を得た。政府はこれを口実に「征台」に踏み切ろうとしたが、征韓論をめぐる政変や薩長間の思惑も絡み進行しなかった。七四年に一端「征台」が決定されたが、再び延期となるなか、同年実質軍の司令官(都督)となった西郷従道(隆盛の弟、一八四三~一九〇二)が諸々の反対を押し退け、台湾に出兵した(征台の役)。そしてこの軍の独走は、台湾民衆への残虐な殺戮事件にまで発展した。急遽大久保が全権として清に渡り、この「事件」を清朝に「義挙」と認めさせ、賠償金を得て撤兵を約束すると同時に、琉球領有を容認させた。そして七九年に前述したように琉球を正式に沖縄県とした。なお琉球処分と台湾出兵は、明治天皇の「土人を誘導開化させ、有益の事業を興起すべし」(諭書)に基づく、「皇国の大御稜威」や「国体と国権」を代補する「事業」とみなされた。ゆえに台湾出兵の戦死者は「英霊」となり東京招魂社(後の靖国神社)に合祀された。

最後に「征韓」についてだが、きっかけは江華島事件にあった。それは、七五年に日本の艦船雲楊が朝鮮の領海内に入り砲撃を誘発させ艦砲で攻撃した事件であり、まさに「征韓」の口実となった。上陸を敢行し朝鮮軍を屈服させた政府軍は、七六年に黒田清隆（一八四〇～一九〇〇）を全権大使とし、朝鮮の一方的な攻撃に改竄することで治外法権（領事裁判権）や無関税化による開国・開港などを要求する不平等な日朝修好条規を締結させ、朝鮮の植民的従属化をはかった。ここからまさに日本天皇神話「三韓征伐」（神功皇后）の維新版：皇軍による朝鮮侵略の歴史が始まった。当然そこでは朝鮮に対し冊封関係にあった清国との対立、摩擦、覇権争いは避けられなくなっていく。

ところで江華島事件以前の朝鮮では、皇統や閔氏一派が親日派の金玉均・朴泳孝を登用し、七三年以降保守派の大院君を失脚させ政権を掌握し近代化をはかっていた。しかし「征韓」・日朝修好条規以降、日朝貿易の無関税化という一方的な条約により、日本へ米が大量流出し米価の高騰と供給米の停滞、さらに部隊内部の差別化などにより、民衆や兵士の閔氏一族や日本軍に対する不満が高まっていた。この機をとらえ、八二年に大院君が民衆や兵士を煽り、閔氏一族と日本公使館を襲撃させた（壬午事変）。日本政府は即刻朝鮮出兵を決議し、建軍後初めて軍に動員令を下した。だが失脚したはずの閔妃一派が秘かに清国に接近しその援助の下に再び大院君を捕え、政権を奪還した。ところがすでに閔妃派には必要でなくなった親日派の金や朴の独立改革派は、八四年に清仏戦争の勃発を見はからい、独自の政権を狙って日本公使と結託しクーデターを起した。しかし清国軍はかれらの反乱を鎮圧し、さらに日本公使館を焼き払った（甲申事変）。日本は清国に厳重に抗議し賠償金支払いや清の朝鮮からの撤兵などの条約を締結させた（漢城条約）。がしかし清国の強い対朝鮮プレゼンスが日本軍の後退を余儀なくさせ、金や朴の日本への亡命もあり、日本国内ではしだいに対清国攻撃強硬論が高まっていった。

この時期国内では、七七、八年に薩長維新政府の中心人物であった木戸、西郷、大久保が相次いで亡くなり、八〇年代以降維新政府は黒田清隆、井上馨、そして誰よりも山県有朋と伊藤博文の長州閥が中心となり、近世ヨーロッパ帝国列強に並ぶ皇国軍民一体の「大日本帝国」の構築を目論んでいた。しかし前述したように当時国会開設請願や政党結成に向けての、むしろ「国民国家」形成の動きが強まっていた。そこでかれらは国会開設と立憲政治の実現に歩調を合わせつつも、議会開設後の政府の支持層を固めるため八四年に華族令を制定し、さらに翌年太政官制を廃止し内閣制度を設置し、伊藤自らが内閣の初代総理大臣となった。そして従来の大臣や参議を各省の国務大臣とし、山県有朋を内務大臣（後に司法大臣や陸軍大臣そして総理大臣となる）として入閣させた。伊藤は、山県を中心に強力な皇軍の育成のため軍制改革を促すとともに、官選された首長の下で村・町・市・郡・県・府による中央集権的な国家自治制度改革を行い、その総仕上げとして、「帝国」に相応しい法制度の整備に乗り出した。

先ず伊藤が枢密院の初代議長となり自らが憲法草案を作成し（『憲法義解』も執筆）、その審議を経て、八九年に第一章で「万世一系」の天皇の大権（立法・行政・司法の統治権、軍隊の統帥権、宣戦・講和・条約締結権など）を掲げた「大日本帝国憲法（欽定憲法）」を公布した。続いて彼はフランス人やドイツ人の起草などに依拠し刑法や民法などの諸法典を整備すると同時に、帝国議会を皇族や華族などに特化した貴族院と制限選挙法に基づく衆議院に分立させ、そうして九〇年に第一回帝国議会（伊藤が貴族院で議長、衆議院で政友会総裁となる）を開催した。ところが政府は政党による議決に拘束されないという超然主義を標榜し、政党政治を軽視した。伊藤・山県達は国会を「支配」することで、帝国の完成を急いだのだ。

とはいえ産業や資本主義の発達は自由主義的な政党に対する支援を広め、野党であった進歩党（大隈：九六年に立憲改進党解党）と自由党（板垣）が九八年に合同し新たに憲政党を結成（民党の大合同）し勢力を拡大した。結果史上初の政党内閣・大隈憲政党内閣（隈板内閣）が誕生し、民党の台頭によりしだいに超然主義政治が機能しなくなっていった。しかし依然伊藤と山県を中心とした保守反動的な勢力が強く、民党の内閣・党内部の対立も深まり、結局政党内閣は短期（一〇〇日余り）で瓦解した。とはいえ民党勢力を無視できないことを察した伊藤・山県は、狡猾にも政治の重心を内政から外政へとシフトさせ、与野党一体化の必要性を訴えることで国家を一元化（全体主義化）させ、大日本帝国を完成させていった。

ここで改めて明治維新政府の対外政治の当初の眼目が、近代欧米列強の波濤から身を守ることすなわち独立自治にあったことに注目したい。維新政府はゆえに幕末に欧米列強と結んだ不平等条約の改正を目指し、外交交渉を本格化させ、七〇年代から諸列強との交渉をいろいろなかたちで進めた。しかし八〇年代に入っても成功しなかった。ところが九〇年代に入ると、伊藤内閣の外相陸奥宗光が青木周蔵（一八四四～一九一四）を対英交渉に当たらせ、九四年に領事裁判権の撤廃と関税自主権の一部回復を内容とした日英通商航海条約の締結に成功し法権を回復した。さらに一七年後の一九一一年に第二次桂太郎内閣の外相小村寿太郎（一八五五～一九一一）が日米通商航海条約を締結し、他の各国とも間もなく条約を結び、関税自主権を全面的に回復させた。しかしこの不平等条約改正の尽力は、政府の対アジア植民地帝国主義政策とタイアップしており、独立自治というより覇権の精神に貫かれていた。

日米の条約改正に及ぶ少し前の八九年に総理になった、覇権主義のドン山県は、九〇年に帝国議会の開設や教育勅語の発布に関わり、内政に力を注ぐと同時に、朝鮮を「利益線」と主張し、伊藤とともに対清強硬論に便乗しまた議会の野党攻勢（軍縮など）をもかわすために、対アジア侵攻を以て民衆の眼を外に向けさせることを考えた。してその好機が、九四年に朝鮮の東学党農民の「反乱」の勃発を以て訪れた。かれらは朝鮮各地で、相互扶助の平等思想と民本主義を掲げ、朝鮮王朝の封建制を批判し、同時に日本軍による侵略にも反対し蜂起した（甲午農民戦争・東学革命）。すかさずこの機逃さずと大日本帝国軍は再び朝鮮に出兵し、閔氏一派を退け王宮を占拠し、さらに農民革命軍を殲滅していった。[17]

しかし間もなく清国が朝鮮政府に援軍を送ると、ついに同年日清戦争へと発展した。結末は武力に圧倒する日本軍が勝利し、九五年に伊藤・陸奥は李鴻章との間で下関講和条約を締結した。政府は朝鮮の独立を認めるとともに、清に対しては遼東半島・台湾・澎湖列島の割譲、賠償金の支払い、さらに諸都市や港の開放など不平等条約の締結を要求した。ところが日本の大陸進出が自らの南下政策のバリアになることを恐れたロシアが、すかさずフランスとドイツと手を組んで遼東半島を清に還付することを日本に求めた（三国干渉）。結局日本は列強の要求を呑まざるをえず、政府のみならず国民の不満がにわかに高まった。ただし台湾割譲に関しては、日本政府は、九五年に台湾が自ら「台湾民主独立宣言」[18]を布告したのにもかかわらず、台湾民衆の対日抵抗を潰滅させ、強引に日本帝国に帰属させた。そして九八年には後藤新平（一八五七〜一九二九）自らが民政長官となり、抗日武装闘争を一掃し、台湾植民地を統制・支配した。

一九〇〇年になると、日本をはじめ各々列強により侵犯され植民地化された清国でにわかに抵抗運動が高まり、ついには「扶清滅洋」を掲げた義和団が植民地化された鉄道や通信施設を破壊し、さらに北京の外国公使館を包囲し焼き討ちし、天津を奪還し華北一帯を支配するまでになった。この反植民地帝国主義の闘いを清の西太后が支持し、列強に対し宣戦を交えるに及び、すかさず日本は再度朝鮮に出兵し、他の列強とともに「反乱」の鎮圧に当たった（北清事変）。なおこの列強との連動は日本がまさに世界の植民地帝国主義国家に参入した瞬間でもあった。くしくもそれは日本国内において反体制的分子の取り締まりのため、山県・伊藤内閣によって治安警察法が公布された時期と重なった。そして翌年（〇一年）日本は、北京を占領した列強とともに、清国に対して主謀者処分、賠償金の支払い、軍隊の駐留権など過酷な要求をした。

日清戦争後、日本は李氏朝鮮および「大韓帝国」（一八九七年〜）に対し支配を強化し、満州への進（侵）出を窺っていたが、しかし三国干渉により旅順・大連の租借権と南満州鉄道敷設権を獲得していたロシアの南下政策により阻まれ、ロシアとの対立が高まっていた。一方イギリスもまたロシアの南下政策が華中・華南にも及ぶ脅威を感じ、ロシアと対立を深めていた。桂・山県・青木・加藤高明

（一八六〇～一九二六）達はこの事態を見逃さず、〇二年に日英同盟を締結した。バックに大きな力を得た日本政府は、早速姦策を弄し仁川・旅順を奇襲し[19]、そして〇四年に日露戦争を始めた。ロシアをフランスやドイツが支持したが、日本は英国とさらに米国の支持を受け勢いづいた。日本軍はロシアのバルチック艦隊をほぼ全滅させ、一方ロシア国内ではロシア革命（〇五年：後述）が勃発し不穏な状況にあり、日露戦争は間もなく日本軍勝利で幕を閉じた。〇五年の日露講和のポーツマス条約では、日本は韓国における政治・経済・軍事の優越権、ロシアからの関東州租借地、長春・旅順間の南満州鉄道の譲渡および北緯五〇度以南の樺太と付属島嶼の割譲などにより、以後韓国支配を確立し、ロシアの満州支配・権益をまるごと継承することになった。しかし万事思い通りにいった訳ではない。日本国民は戦時中の過重な租税負担に見合った権益を獲得できなかったことに不満を持ち、日比谷焼打ち事件など講和反対運動を各地で起こした。また日本のアジアでの権益拡大は、アメリカをはじめ列強間の不和や軋轢を一層高めていった。

それでも日本の日清・日露戦争の勝利は、アジアでの日本の地位を高め、伊藤博文の画策（第一～三次日韓協約）により、南満州に朝鮮総督府が創設され、〇七年に伊藤自らが韓国統監となった。〇九年に朝鮮民族主義者によって伊藤が暗殺されたが、一〇年には韓国が日本の植民地として併合された。また多くの権益（賠償金や無関税貿易など）や領地を得た帝国日本は、国内産業界の資本蓄積を促し、軽工業から重工業へと産業革命を成し遂げ、恐慌を繰り返しつつも資本主義を高度に発達させ、名実ともに欧米列強に比肩する強国となり、なお一層覇権拡大の野望を募らせていった。だがこの資本主義の発達は、かくも朝鮮の植民地化・権益の収奪に、また国内の労働者に対する苛酷な搾取に負っており、自ずと国家内外に民族主義的および社会主義的な民衆の抵抗を高めていった。

(注)

1.『日本史史料』(巻末図書)(一三六〜七頁)によれば、「復古」とは、「そこで(明治天皇は)お考えを決められて、王政復古、国威挽回の基本をお立てになった。…すべて神武天皇がこの国を治められた時のようにし、…」(口語訳)という、これまでの天皇以外のすべての制度を否定し、「神武創業」に戻すことを意味する。なお神話(「記・紀」)の中の初代神武天皇の実在性は大方否定的であった(『古事記』(巻末図書)一七頁)が、それでもあえて「神武創業」をネタとした理由は、そこに原点回帰というロジックや万世一系というフィクションなどにより、ベタな支配を可能にさせるという意思がはたらいたことにあった。

2.政府は当初、フランスの功利主義的で画一的な教育システムに基づいた「学制」に対抗し、「教育令」を以て、アメリカの地方自治的制度を採用したが、国家統制の強化とともに国家主義的色彩の強い制度へと改訂され、「学校令」では天皇制国家主義教育制度を基礎に、文部大臣森有礼が、大学令、師範学校令、中学校令、小学校令、後に高等学校令など制定していった。なお「教育勅語」は、そのような動向のなかで皇国教育の「聖典」として発布された。

3.『西郷「征韓論」の真相』の中で川道は、「明治政府が…天皇中心の新政権の樹立を宣言し、…その旨を告げる使節を朝鮮に送ったが、…朝鮮は…天皇の名のある国書を受理せず、…日朝間の正式の国交はとだえたままになっていた。政府は以来、朝鮮政策として一定の基本方針ないしは方略を決めており、それは、昔からの隣好のよしみをもって交渉を尽くし、それでも朝鮮が聞かない場合には征討するというものであった」(一〇八頁)。当時、征韓や征韓論を言う者が、他国を侵略するという観念が希薄なままにそれを言っていたが、「征韓」にせよ「朝鮮連合」にせよ、「疑似(小)華夷思想とでも言える自己中心的な皇国観念を発達させていた。そのもとでは朝鮮は「外国」ではなく、「海内」の国であり、日本の徳化(教化)の及ぶ国家であった。だが「朝鮮側から見れば、「征韓」は当時においても、紛うことなき侵略であった」と、述べている(二四五〜六頁参照)。しかし彼は、西郷は、木戸のような侵略的な

4．「征韓」ではなく、自らの死地を求めての「渡韓」であった、とも推測し述べている（三二〇〜三二一頁参照）。
5．右同書参照。
6．同書参照。
7．同書参照。
8．同書参照。
9．『福沢諭吉』（飯田鼎著、中央公論新社）一七二〜四頁参照。
10．『福沢諭吉』（家永三郎編、筑摩書房）三四九〜七三頁参照。
11．（注9同書、一八五〜九頁参照）。そもそも福沢の思想や宗教に対する考えに一貫性が乏しく、たとえば儒教・道教に対し、陰陽五行説の意義を語るかと思えば（右同書三四一頁他）、他方では妄説とまでくさし、宗教に関してもキリスト教や仏教のいずれに対しても一方で批判および否定しながら、他方では聖書を紐解き、仏教の広大な理法を語る。結局彼の晩年は、諸行無常の仏教観に依拠することになる（右同書『福翁百話3』三四二〜三頁参照）が、いずれにせよ彼が東西思想の「真髄」を体系的に一貫した哲理として形成できなかったために、国権と民権、「忠君愛国」と「天皇機関説」、精神と物質、進取と保守および野蛮と文明などの二元論を克服できず、国権皇張論や近代化一辺倒による欧米の帝国主義思想に帰趨していった、と思われる。
12．詳細は、『渋沢栄一』（武田晴人著、ミネルヴァ書房）三七〜五一頁参照。
13．右同書五六頁参照。すなわち七〇年代後半に政府の直轄工場で紙幣製造が行われるようになり、抄紙会社の用地の分割・買い上げそして社の改名（製紙会社）が命じられ販路を失うなど一端は経営危機に陥ったが、後に政府からの地租改正実施のための地券用紙の受注を受け危機を脱した。
14．守屋は『渋沢栄一「論語と算盤」の思想入門』の中で、合本主義とは、「公益を追求するという使命や目的を達成するのに最も適した人材と資本を集め、事業を推進させるという考え」（一五六頁）であると説明している。
15．記紀神話に基づき神道国学を大成した本居宣長、その弟子と称し、「日本は万国の祖国」「天皇は万国の大君」と説いたのが平田篤胤、さらに平田に師事して、「まず南洋を攻略し、これを押し広めて、全世界をことごとく日本の有となすべし」(『混同秘策』)と、世界征服を主張したのが佐藤信淵。そしてかかる覇権思想を継承し、満州、朝鮮、台湾、ルソン諸島などの経略のため「進取の勢(雄飛)」を主張したのが吉田松陰である(詳細は『「アジア侵略」の一〇〇年』(一一~三頁)、『「戦前」の正体』(四章)他参照)。

16.『「アジア侵略」の一〇〇年』(一二~二四頁)他参照。

17.崔済愚(チェ・ジュウ)を中心とした世直し運動であった、反封建、反侵略による李朝支配者と日本軍に対峙する農民を中心とした東学党の民主・独立革命に対し、日本軍はこの覚醒した農民軍を惨殺し、明治天皇がその野蛮な戦勝を讃えた(右同書三六~四四頁参照)。ちなみにこの惨殺は「日本軍最初のジェノサイド」(『日本人の明治観をただす』一三二頁)であった。

18.「倭奴不日攻めきたらんことを知る。…台湾国を民主国として、すべての国務を公選せられた官吏をもって運営することを決定。…・抵抗、布告する」(『「アジア侵略」の一〇〇年』四九頁参照)

19.国際法を無視して、開戦前に韓国領海内に海底電線を敷設し、ロシア軍を封じこめ、旅順陥落へ導いた(『日本人の明治観をただす』一五七頁参照)。

第二章　「余が思想の変化」
――幸徳の思想形成と活動の軌跡――

中江兆民との出会い

幸徳伝次郎（後に秋水）は、板垣退助や植木枝盛そして中江兆民と、名立たる自由民権運動の指導者や思想家を輩出した土佐の山間（中村町）で、一八七一年（明治四年）商家の子として生まれた。それはくしくも日清修好条規が交わされた年であり、民選議院設立の建白書が提出される三年前、さらに国会開設の詔と自由党結成のちょうど一〇年前にあたる。

「自由は土佐の山間より出ず」（自由党史）という言葉がよく知られているが、しかし幸徳が少年であった当時は、他の地域同様中村町も封建的天皇主義の保守思想が支配的であり、自由民権論者は異端少数派でしかなかった。国会開設に向けての政党結成時には、多くの保守的な人達は、古勤王党の系譜を受け継ぐ、当時排他的で暴力的であった立憲帝政党を支持していた。ただ皮肉なことだが、板垣の組織した自由党も天皇主義を奉じていたため、民権党員の熱心な努力もあって、しだいに保守派の人達をも自由党支持に傾かせていった。当時自由党の領袖であった林有造（一八四二～一九二一）

や板垣に絶大な信頼を寄せていた少年幸徳もまた、自由党の運動員に加わったりした。しかし自由党員達が各地で暴動を起すようになると、天皇制国家権力との正面衝突を忌避した板垣は、結成三年後に早々と自由党を解党させた。

その後幸徳は、通学のため高知へ行き、また遊学のため上京し林の書生となるなど、病気や保安条例も絡み、外出と帰郷を繰り返し、ついには放浪の身となった。しかし八八年（一八歳）に再び上京を企てた幸徳は、途中大阪で当時民権運動の理論的闘士であり、政治評論家でもあった中江兆民と運命的な出会いをした。以後幸徳は彼の学僕（書生）となり自らの前途を切り開いていった。幸徳にとって中江は、彼の思想的性向を喚起させ育成したまさに偉大なるまた敬愛すべき師であり続けた。中江の死去直後に、幸徳が『兆民先生』[1]を書き出版までしたのはその証左であろう。幸徳の思想形成を知るためにも、以下当書を参考に、「兆民」の号を以て中江の生涯と思想について一瞥しておこう。

兆民は幸徳の生まれる二四年前の、四七年（弘化四年）に幸徳と同郷の土佐（新町）に生まれ育った。幼き頃彼は、薩長同盟を結ばせた維新の立役者、同郷の坂本龍馬の知己であったらしく、龍馬を尊崇していた。ちなみに後に兆民は藩閥政府に対抗し、自由党の再興と民党の多数派工作に奔走したが、龍馬のようには上手くいかなかった（後述）。なお青年期の兆民は、長崎や江戸でルソーをはじめフランスの啓蒙家達の思想、法律、政治、史学、文学などの学問を広く学び、二五歳のとき大久保利通に掛け合い、司法省の仕官として岩倉使節団に随行しフランス留学にこぎつけた。それはくしくも幸徳の生まれた年であり、パリ・コミューン勃興の年でもあった。

およそ三年後に帰国した兆民は、元老院書記官、外国語学校長、仏学塾経営を経てなお、フランスのパリで体験したティエールやガンベッタによる民主と共和の「革命精神?」（パリ・コミューンではかれらはコミューン政府に敵対する反動的分子だった：後述）に倣い、薩長の藩閥専制政治に対抗する「革命の鼓吹者・策士」となった。して彼は仏塾を民権論の源泉（拠点）とし、ルソーの『民約論』を翻訳し敷衍する、ある種の政治クラブへとシフトさせていった。結果塾は政府スパイに監視されるようになったが、しかしますます彼は王侯・貴族の専制政府を転覆し、正義・自由の制度を建設することを目指す革命思想の鼓吹者、実践者となっていった。なお兆民の目指す革命とは、「君民一体」の天皇主義をバックに擁し、革新的な自由民権運動の延長線に漠然と描かれた第二維新民主化革命（革命的クーデター）であった。

幸徳曰く、「先生は、フランスからかえってまもなく、自分で書いた策論一編をたずさえ、故勝海舟翁の紹介により、島津久光公に謁見したい、とたのみこんだ。…公いわく、君の議論は、たいへんよろしい。ただ実行するのがむつかしいだけ、と。そこで先生は、…いわく、どうしてむつかしいことがあろうか。公がぜひとも西郷隆盛をよびだして、上京させ、近衛の軍隊をうばって、すぐさま太政官を包囲させせよ。クーデターが、一挙に成功するにちがいない。…」（傍点は筆者、一五七頁）と。

兆民がフランスから帰朝したのが七四年（明治七年）であり、七七年（明治一〇）に西郷の主導する西南戦争が始まったことを考えると、兆民の進言がかかる内戦勃発の一因になったことは否定できない。しかし西郷自身福沢の民権思想に影響を受けてはいたが、下野したとはいえ維新政府擁立の「功労者」である。彼が再び「近衛の軍隊」を奪ってまで、あえて革命的なクーデターを起すはずがないし、そこには大義なく成果も期待できない。不平士族分子からなる無軌道な西郷軍の敗戦からは、兆民の西郷に託す彼の空回りした情熱だけが透けて見える。だがこの戦争が、後の第二維新民主化革命企図の礎石となった点で意義があった。

西南戦争以降、前章でも述べたように八〇年に国会期成同盟が結成され国会開設請願書が提出されたが、その翌年に渡仏の折兆民と親交のあった、そして後々政局を揺るがす西園寺公望（一八四九〜一九四〇）が『東洋自由新聞』[2]（このとき初めて「自由」という文字が使われる）を創刊し、兆民は自らを「兆民」と号しその社説の主筆となった。彼はそのなかで「君民共治」の説に依拠し、「天地の道は、陰陽の二気が相交わるのを尊ぶ」（八五頁）という易の基本原理を唯物的に解釈し、自由な思想や知識の交換や貿易・交易の発展の必要性を説き、政治的にはイギリスをモデルとした憲法および自由権・人権に基礎を置く法治主義の確立の重要性を主張した。そしてその具体化として憲法制定と国会開設の必要性を繰り返し説いた。なお自由に関しては特に彼は「心思」と行為の自由を重視し、自由権の拡張を訴えた。ところが「青天の霹靂」、突如華族でもあった社長西園寺に皇族からの強い圧力がかかり、結局西園寺の退社、抵抗者の逮捕、新聞の廃刊を余儀なくされた。そのようななか兆民の企てとは真逆の、前述の伊藤・井上達専制政府によるクーデター（一四年の政変）が起こった。しかし国会開設の勅諭を契機に、兆民の革命的人民主権的な思想や言動が、福沢の民権論とともに自由民権運動に火をつけ、自由党結成、士族・農民の民権闘争・運動へと発展していった。なお兆民は当初運動に直接関わっていなかったが、八二年に創刊された板垣の『自由新聞』の下で再び筆を振るい自由・平等の説を唱え、専制政治を攻撃していった。

だが事態は一層悪化した。自由党への政府の弾圧が強まり、党の内部の紛糾さらに解体に及び、民権運動も沈滞していった。やむなく兆民はルソーの著書の翻訳など著作に専念するようになる。この時期彼は、現代もなお多くの人に読み継がれている『三酔人経綸問答』（八七年）[3]を著している。幸徳も『兆民先生』のなかでこの著作を再三取り上げ、兆民自身の低評価にもかかわらず高く評価している。事実それは後の幸徳の思想形成に大きな影響を与えた。ちなみに当書（九三〜一〇三頁参照）で、兆民の基本的な思想、すなわち専制→立憲制→民主制、恩寵の民権→回復の民権→民主的な民権、さらに「思想上の専制」を避けた、防衛中心の抵抗のナショナリズム、および戦力のバランス論や平和友好外交、国際法の重視など、折衷的ではあるが、そこには国家の両義性（主権国家と国家主権）の民主化が語られている。しかし同時に現実主義的で立憲天皇制の強化を主張するなど、兆民自身の思想の矛盾や限界も見てとれる。それでも彼の「一〇〇年後」（一〇一頁）の民主制実現を目指す議論や福沢の思想とも通底する唯物論的二元素論などは、幸徳の思想に大きな影響を与えた。

さて政府による弾圧が続き、政府が新聞紙条例に加え八七年に保安条例を発布すると、『自由新聞』の廃刊、ついで仏学塾の閉鎖を余儀なくされてしまう。そして兆民もまた「容疑者」達とともに東京から追放されることになった。しかし大阪に落ち着くことのできた兆民は、八八年に早速同志達と『東雲新聞』を発行し、その主筆となり再び政府批判に筆を振るい、名声がたちまち関西地方一帯に広まった。同様に東京から追放されていた幸徳が大阪で兆民と出会い、彼の門下生となったのは、ちょうどこの頃であった。当時兆民の生活は困窮を極めていたが、意気と文章には勢いがあり、彼は毎日警世の文章を書き時事を痛論した。八九年に大日本帝国憲法が発布され全国民衆が歓呼しても、兆民は憲法に込められた民権が下からの回復的な民権ではなく、上からのプロシア風の君主権の強い恩寵的な民権であることを批判し、進取的な民権へ改革すべきと主張した。そのようななか憲法の発布とともに退去命令が解除され、兆民は再び活動の拠点を東京に置くため、彼の家族や幸徳を連れて上京した。

東京で住居を構えた兆民は早速同志とともに自由党を再興し、民党の糾合をはかった。議会開設にあたっては兆民自ら大阪から衆議院議員に出馬し、当選すると国権優位の民権ならぬ進歩的民権を目指し、専制政府を転覆させることを目指した。だが前述したように政府は議会に対して何一つ責任がなく、内閣は常に政党の外に超然としていた。条約の締結に議会が関与できず、宣戦・講和にも人民が関与できない。このままでは政府の奴隷になってしまう。先ずこの回避のため憲法の改正を国会に請願しなければならない。そこで衆議院議員は一体となり、開会の冒頭でこの意見を具体化し天皇に奏請する以外にない。このように考えた兆民は政友達を説得するなどの行動にでたが、軽くあしらわれ成果が得られなかった。それでもかの龍馬のごとく、旧自由党系諸派と改進党の融和ムードを察して、板垣・大隈両人を引き合わせ、ともに政治の改革に臨む約束をとりつけさせた。が、結局多数派工作は、自由党系のみが立憲自由党となり、統一かなわず失敗した。それでも「立憲自由新聞」を舞台に兆民は文筆活動を再開させ、民党の意気を上げた。そして彼の諸々の尽力が、八年後の、短命（四ヶ月）とはいえ史上初の政党内閣‐隈板内閣の成立に結びついた。

その間藩閥政府は、相次ぎ議会を解散させ、選挙干渉（第二回選挙では死者二五名にも及ぶ激しい干渉）を行ったが、また自由党内の対立も発生したが、なおも選挙の結果は常に民党側の勝利に帰した。

そこで九二年に伊藤が再び組閣すると、政府は民党の攻撃をかわすために停会・解散を繰り返し、他方藩閥官僚の重臣を結集し専制政治を推し進めた。しかし九四年の日清戦争を皮切りに、伊藤達は政党内閣を受け入れつつも、議員・国民をもっぱら対外的な条約改正や続く対外戦争に目を向けさせ、政党間・内の争いを大義名分の下でしだいに解消させ、革新的な兆民さえもとらえて離さない帝国主義政治を前面化させていった。

そもそも兆民の革命的な思想には天皇制国家内民主化という枠がはめられていた。そのため政府の国家主義政策に誘引され、民党の翼賛を受け入れることになる。彼が専制政治に抵抗しても、また「不正な帝国主義的侵略」を批判しても、したがって反帝国主義・非戦とはならなかった。あろうことか、一九〇〇年にはロシアを討伐することを目的とした帝国主義者の団体「国民同盟会」に入り奔走するという始末。ところが、兆民の紹介により『万朝報』に入社していた幸徳は、一時期議員になることを目指したこともあったが、そのような欲を捨て、社会主義研究会（後に「協会」に改組）に参加し、在野から同志とともに反帝国主義・非戦を訴え始めた。その頃幸徳は、すでに実業家に転身していた師兆民とは距離を置き、もっぱら社会主義研究に尽力し、〇一年には同志達と社会民主党を結成するまでになっていた。党は即刻禁止されたが、結党の一ケ月前に、幸徳はまさに党の綱領ともなった、世界初とも言える反・帝国主義論を発表した。彼はすでに兆民の民主化の限界を乗り越え脱国家的な民主化を目指すようになっていた。幸徳は兆民の帝国主義的な言動をその身をも案じ諫めたが、しかし兆民は間もなく喉頭癌のため倒れ、同年末に死去した。

幸徳はそれまでの兆民から受けた大きな恩恵と思想的影響を忘れることはなかった。兆民が幸徳に

「秋水」という雅号を授け、幸徳が師を偲んで当書『兆民先生』を執筆したように、二人の師弟関係は堅く深かった。なお思想面では、幸徳は兆民の革命的民主主義政治思想と同時に、兆民独自の唯物論に根ざした哲学から大きな影響を受けた。特に兆民が余命一年半の告知と闘病のなかで渾身の思いを込めて執筆し、幸徳が『続一年有半 - 一名無神無霊魂』[4]と題し出版した未完の哲（理）学は、以後の幸徳の思想を根底から支えていくことになる。なお当書の「引（序文）」で幸徳は、「先生の哲学は、じつに古今東西の学説、宗教のわくをこえ、一歩すすんで、別にナカエニスムとも名づくべき一家のシステムを持しておられたのである」と述べている。まさに的確な評である。ナカエニスムとは彼独自の唯物論であり、一部本文からの抜粋を以て参照に付したい。

「だからわたしは断じて無仏、無神、無精魂、すなわち単純なる物質的学説を主張するのである。五尺の身体、人類、一八里の雰囲気、太陽系、天体にこだわらず、ただちに身を時と空間との真中（無始、無終、無辺、無限の物に真中ありとすれば）において宗旨を眼底におかず、前人の学説を意に介せず、ここに独自の見地を立てて、この論を主張するのである」（四一八頁）「この精神のようなものでも、灰白色脳細胞の作用でもって、それが働くごとにきわめて小さい細分子が飛散しつつあるかもしれないではないか。」（四二〇頁）「だから身体が本体である。精神は身体の働き、すなわち作用である。身体ひとたび絶息すれば、その作用たる視聴言動はただちに止むのである。すなわち身体死すれば精神は消滅する。…身体は若干の元素の抱合より成るもので、死とはこの元素の解離の第一歩である。しかし解離はしても元素は消滅するものではない。」（四二一～二頁）「われわれが幼児から見物する物、…みな絵画となって記憶中に印されている。…いわゆる無形の意象でも、…やはり五官を経

由してできている」（四四二頁）

反帝国主義と非戦

福沢の国権と民権に根ざした政治思想と、渋沢による近代資本主義・社会保障政策論、さらに兆民による民権重視の反専制藩閥政治革命論は、自由民権運動とともに日本列島の「国民国家」形成を推進し、明治という一時代を支えてきた。とはいえそもそも先行する「手本」でもあったヨーロッパ近代の諸国家は、いずれも植民地帝国主義列強であり、明治維新後の日本の近代化もまた自ずとナショナルな「自治」を凌ぐ、帝国主義の途を辿ることになった。しかも維新政治が議会制度を導入したとはいえ、天皇制藩閥専制政治が圧倒し、結局いずれの卓越した民政的な営為も「日本帝国」形成の補完と翼賛の役割を果たしていった。

では兆民の革命的な「民主化」の理念さえもとらえて離さない皇国体制の下で、果たしてその枠組を超え「大日本帝国」の、すなわち宗教的絶対的権威と政治的専制権力が一体化した厚い岩盤を打破することができただろうか。それは至難の挑戦。だがあえてこの困難に挑んだ人達がいた。その中心人物こそが兆民の弟子幸徳秋水であった。先ず彼は、堺利彦（一八七〇〜一九三三）や内村鑑三（一八六一〜一九三〇）とともに世界平和のために帝国主義戦争反対を唱えることから始めた。ちなみに私は「前著」の中で、列強の帝国主義について次のように述べた。

現代の帝国主義とは、…軍事的侵略を以て野獣のごとく領土拡大を目指す点では、君主（皇帝）を頂点とする古いタイプの「帝国の膨張主義」に通底するが、…ヴォルテールの「君主は国家第一の僕」となった国民国家が、植民地主義と金融資本主義を背景に軍事的かつ政治経済的に支配圏（権）の拡大を目指す点では、現代特有の膨張主義と言えよう。してその典型を英・米・仏・独を中心とした当時の列強による植民地争奪とりわけ「アフリカ分割」や「太平洋（主として南洋諸島）分割」に見ることができよう（七二頁）。

このような現代の複合的な帝国主義については、幸徳と同時代人であるローザ・ルクセンブルクやレーニンも、幸徳より少し後に体系的に論考している。ただし次章で詳論するが、特にレーニンの帝国主義論には古いタイプの、より本質的な帝国主義に対する自覚が欠落していた。しかし幸徳の帝国主義論は、両者に先んじながらも、新旧含めたまさに帝国主義の本質と特性を突く論理的かつ倫理的な理解が基調にあり、卓越していた。そこで実際に、〇一年に幸徳が著した『二〇世紀の怪物　帝国主義』[5]から、いくつかのピンポイントとなるフレーズを抜粋し、この時期の幸徳の「反帝国主義と非戦」に関する言質、言説、思想について取り上げ考えてみたい。

先ず幸徳は、帝国主義を覇権的国家主義ととらえ、「帝国主義は、愛国心を経とし、いわゆる軍国主義を緯として、織りあげた政策」（八七頁）と喝破し、理解する。愛国心に関して彼は、それは獣的な憎悪に由来するとみなし、「かの野獣を見よ。彼らは、たがいにそねみうたがい、同類が食いあった。…未知の敵に出あえば、たちまち、畏懼・恐慌し、…猜疑・憎悪となり、…咆哮となり、攻撃となり、さきに食いあいした同類が、かえって団結して、その共同の敵と抗争する」（九一頁）「好戦の心は、すなわち、動物的天性である。そして、この動物的天性は好戦的愛国心である。これは、うたがいもなく、釈迦、キリストが排斥するところで、文明の理想・目的があい容れないものではないか」（九一～二頁）と批判する。なおこのような幸徳の獣性論は、ナカエニスムの唯物論を継承し発展させるものであり、まさしく帝国主義の本質すなわちその闇（病）を暴く、彼の帝国主義論の基調となっている。

幸徳が「愛国心」の欺瞞性を冷徹にとらえることができたのは、彼の思考が「国民」というレベルを超え、すでにこの時代「世界人民」という理念に基づき、国家および国家間における不条理や矛盾を論理的かつ倫理的に思考する能力を身につけていたからである。

「世界人民は、まだこの動物的天性の競走馬のままに、一九世紀を送り過ごし、…二十世紀の新天地に対処しようとしているのです。…純潔な理想と高尚な道徳が盛行していないあいだは、また動物的天性を除去することのできないあいだは、世界人民はどうしても敵を持たないわけにはいかない。戦争をしないわけにはいかない。そしてこれを名づけて、愛国心といい、これを称して、名誉の行為としているのである。…姑息な政治家、政治を好む冒険家、奇利を追いかける資本家は、…絶叫していう。国境のそとを見よ。大敵がせまっている。国民は個人間の争闘をやめて、国家のため団結しなければならない。個人間の憎悪の心を外的に転向させ、自己の目的に利用しようとする。これに応じないものに対しては、非愛国者、国賊である」（九二頁、傍点は筆者）。幸徳のこの〈国家主義・帝国主義〉の本質を突く言説は、さらに世界に独立・統一という名の統制と覇権拡大に雄飛する専制・独裁の人物に向けられる。曰く、ビスマルクの理想は「中世時代の未開人の理想」であり、多数国民の道徳はまだ「中世の道徳」であり、その心性は「未開の心性」であるため、かれらは彼の陳腐・野蛮な計画に、また個人的な野心・功名のために利用されているにすぎない。…それでもドイツ国民は、そして世界各国民の多数は、彼ビスマルクを偉大な人物として称賛してやまない。そして「日本の大勲位侯爵（伊藤博文）もまた、随喜して、自分もまた東洋のビスマルク公」になることを願っている、と痛烈に批判する（九八〜九頁参照）。

伊藤博文が主謀した日清戦争に対しては、福沢や渋沢そして兆民までも、「アジアの近代化」なる前衛的および自己中心的な観点から奨励しあるいは肯定したが、前述したようにすでに「他者」に対する倫理的な観点の備わっていた幸徳はかかる差別的で独善的なスタンスに真っ向から反対し批判した。「日本人の愛国心は、征清の役（日清戦争…）にいたって、史上かつてないほどの爆発をした。彼らが中国人を侮辱し、嫉視し、憎悪するありさまは、言葉で形容できるものではない。白髪の老人から、小さな子どもにいたるまで、ほとんど中国四億の生霊を殺し、絶滅して、ようやく安心する、といった傾向があった。…狂人のたぐいではないか。…野獣のたぐいではないか。…敵の財産を奪い、敵の土地をとる量が多いのを愉快とし、…自分の野獣の力が卓越しているのを、世界に誇ろうと思ったにすぎない」（一〇一頁）

そして次に幸徳は、「愛国心」に軍国主義が結びつくことで、国家主義が帝国主義へと発展していくととらえ、列強が防御や保護以外に、一国を挙げて軍備拡張を目指すいわゆる軍国主義に対して、それが対外的に国家間の戦争を引き起こすだけでなく、国内的にも「軍政」が専制・腐敗の政治を発生させると批判する。さらに彼は日本国内においても、伊藤同様他の軍人や軍権力者達に対して、たとえば「…山県有朋侯も華山資紀伯も…、明治の政治史・社会史において、…選挙干渉・議員買収の悪先例をつくって、わが社会人心を腐敗・堕落の極点におとしいれた罪悪は、彼らこそその張本人だったのではなかったか」（一一五頁）と痛烈に批判した。また共和国にしてさえ軍政が社会人心を腐敗させる事例としてフランスにおけるスパイ冤罪に絡むドレフェス事件（九四年）を取り上げた（一二一頁参照）。

そうして改めて幸徳は帝国主義の本質に迫る。「野獣的本能を脱却することのできない彼ら愛国者が、その武力をやしない、軍備を拡張するのは、すべて自己の迷信・虚誇・好戦の心を満足させるために、その犠牲をもとめているからである。だから、愛国心と軍国主義の狂熱がその頂点に達するときに、領土拡張の政策が全盛をきわめる…、帝国主義とはすなわち、大帝国の建設を意味し…、そのまま、属領、領土の大拡張を意味している。」（一二七頁）と。さらに彼は軍政権力者および「愛国者」個々人の責任を問い、「大帝国の建設は切り取り強盗」と糾弾する（一二八頁）。また過去（個人的）と今（国民的）の帝国主義を分別する俗見に対し、今（当時）の帝国主義の見かけ「国民の膨張」は過去の帝国主義の少数政治家・軍人の野心や功名心と現在の少数資本家・少数投機師の利欲のすなわち個人的な「膨張」により国民自身の獣的好戦心が巧みに扇動された姿にすぎない、すなわち「今」の帝国主義的膨張は個人的にして国民的に、資本主義と植民地主義による政治経済的なグローバルな膨張であると、批判する。

そこで彼の帝国主義批判は、過去の個人的野心に基づく帝国主義とともに、近代ヨーロッパを中心にした国家資本主義経済の発展を踏まえた今の植民地帝国主義に対する批判となり、その実態の究明を求める。当然そこでは欧米列強に対する各々植民地帝国主義批判が重要となる。幸徳は今の帝国列強の実態と動向について、先ずは産業革命の発祥地である君主国のイギリスによる南ア（ボーア）戦争を取り上げ、「イギリスがトランスヴァールの征服をはかったのは、ボーア人の独立をうばい、イギリスの国旗のもとにアフリカを統一して、鉄道を縦貫させ、それでもって少数の資本家・工業家・投機師の利欲を満足させるがためであった。セシルローズの野心とチェンバレンの功名を満足させるためであった」（一三〇頁）と批判した。またドイツの対中国戦争政策やアメリカのフィリピン群島の併呑・征服などの帝国主義的所業をも批判した。ただし独・英の国内では同時に、ドイツで人民の権利・自由・平等・独立を尊重する社会党の運動が、またアメリカでは建国の憲法の精神やモンロー宣言に基づきフィリピンの征服に反対するアイオワ州の民主党の決議が見られ、幸徳はかかる動向には賛意を示している。

最後に帝国主義を要約して、幸徳は次のように断言する。「帝国主義的なる政策は、少数の欲望のために、多数の権利をうばうもの…。野蛮的感情のために、科学的進歩を阻害するもの…。人類の自由・平等を殲滅し、社会の道徳・正義を殺害し、世界の文明をぶち壊す破壊者である」（一四五頁）と。さらに彼は、かかる帝国主義をペスト菌の流行に例え、かの愛国心をその病菌であると言い放ち、「ながく今日の趨勢のままに放任して、反省しなければ、…われわれの前途は、ただ最暗黒の地獄が待っているにすぎない」（一四六頁）と。まさに後の世界大戦をそして現代の危機を予言するかのように、幸徳は後世の人達にかつ我々に警鐘を鳴らしたのだ。

しかし幸徳がかかる「帝国主義論」を発表した直後に、対ロシア外交が緊迫の度を増し、「三国干渉」も絡み日本の新聞は主戦論一色となり、『万朝報』も日露間の開戦論者が幅を利かすようになってきた。そこで〇三年（明治三六年）に幸徳をはじめ、クリスチャンの内村鑑三と、自由民権思想から社会民主主義的な考えに傾いていた堺利彦は、共に開戦に反対し、当社を退社した。して間もなく幸徳は堺とともに新たに「平民社」を創設し、週刊『平民新聞』[6]を発刊し、そのなかで幸徳は帝国主義戦争を真っ向から批判していった。「われわれは絶対に戦争を否認する」（三七二頁）「われわれの非戦論は、一時の利害のためにするものではない。永遠の真理のためにするものである」（三七九頁）「旅順陥落！　…狂気！　日露両国の数万の潜血、寡婦と孤児…」と、痛烈に非難した（三八一頁）。

こうして愛国心の高揚する戦時においてなお、幸徳達は帝国主義の「闇（病）」に挑み、政府や国民からいかなる非難や嘲罵を受けようとも妥協することなく、固い信念・意志を以て反帝国主義と非戦を貫いていった。

ただしこの時期の幸徳は、未だ兆民の思想域から脱皮したばかりということもあり、天皇に対しては、敬愛と信頼を寄せていた。彼は、「日本の皇帝は、戦争をこのまず、平和を重んじ、自由を重んじたもう」（一〇〇頁）「わが天皇が兵を出されたのは、まことに中国のいわゆる蛮人をうち、夷狄をこらしめるためであったろう。真に世界平和のため、人道のため、正義のためであったろう」（一〇一頁）「日本の軍人が、尊王・忠義の感情に富んでいるのは、ほんとうにうつくしいものである」（一〇二頁）などと天皇・天皇制に盲目的であった。そこには明らかな自己矛盾および論理の矛盾が発生していることを、当時の幸徳の優れた感性および知性を以てしてさえも自覚できなかった。それはある意味、それほどにひとたび身についた偶像・権威に対する感情から離れがたいという、人間の社会的かつ身体的習性の強靭性を物語っている。

社会民主党と社会主義

兆民はラジカルな議会制民主主義論者であったが、後に実業家となり帝国主義者ともなったように、また神道天皇主義を奉じる一方で、同時に無神無霊魂論の唯物論者でもあったように、波瀾万丈「曖昧模糊」とした人生を送った。幸徳も思想的には当初は中江の影響下にあったが、しかししだいに兆民の革命的、民主的、唯物的な思想および精神を継承しつつ、他方彼の矛盾と折衷の言動や思想を乗り越え、議会制民主主義の枠組をも超える、ラジカルな民主化を目指す社会主義的な運動を展開していった。

前述したように、〇一年に幸徳は、「世界人民」に立脚した反「帝国主義」論を端緒に、すでに労働組合運動を主導していたアメリカ帰りの片山潜（一八五九〜一九三三）を始め、安部磯雄（一八六五〜一九四九）、木下尚江（一八六九〜一九三七）、西川光二郎（一八七六〜一九四〇）、河上清（一八七三〜一九四九）達とともに、社会民主党を結成した。日本で初めて結成された社会民主党。その綱領には、人類同胞主義、軍備の縮小・全廃、貴族院の廃止・階級制度の全廃、労働組合法を設け、労働者の団結の自由と労働の保護（八時間労働の実施ならびに小作人、婦女子の労働の保護）、生産機関（土地や資本）や交通機関（鉄道、船舶、運河など）の公有化、財産分配の公平化、普通選挙の実施と公平化、治安警察法と死刑の廃止、集会・言論・結社の自由、公的無料教育の実施など、国家主義的な体制下においてなお、社会民主主義的な理念に相応しい画期的な内容が表明された。即刻結社禁止となり、運動が一端途絶したが、西欧の多彩な社会主義思想との遭遇が、幸徳の社会主義への情熱を一層掻き立てていった。

幸徳が当初最も信頼を寄せていた社会思想は、マルクスとエンゲルスの科学的社会主義思想であり、ゆえにマルクスの大著『資本論』やエンゲルスの『空想より科学へ』などを読んでいた。しかし幸徳の柔軟な思考は、のみならずその他のロバート・オーエン、S・フーリエ、サン・シモン、ミル、さらにはバブーフ、ルイ・ブラン、バクーニン、クロポトキン、カーカップ、T・イリー達による多彩な社会主義や無政府主義の学習へと幅広く及んでいった。そうして〇三年に彼は日本で最初の社会主義論『社会主義神髄』[7]を著し、世に問うた。それは、社会主義経済論として主としてマルクス&エンゲルスの科学的社会主義論をベースに、政治・制度的にはイリーのファシズムさらには共産主義さえも批判する社会民主主義制度論を基調としている。以下当該書の論点を章ごとに明らかにし、彼の語る社会主義の「神（真）髄」について考えて見たい。

さて当書冒頭（第一章緒論）で、幸徳は、一八世紀に活躍した古今最大の革命家として、福沢同様、産業技術発達の最大の駆動力となった蒸気機関の改良に携わり、産業革命を動機づけたJ・ワットの名を挙げた。そして「思うに、今の紡績・織布・鋳鉄・印刷その他もろもろの工業技術の機械、鉄道・汽船その他もろもろの交通の器具は、…化け物のようであり、…巨大である。これらの機械・器具が、つねに自在に駆使され、自由に運転される動力が、ただつかみどころのないような蒸気の一吹きの力によっていることを思うとき、その技術がどうしてそんなに精巧で、その性能がどうしてそんなに偉大なのかとうたがわざるをえない」（一九九頁）と感嘆している。さらに彼は、最近百余年間で、世界の生産力が平均十数倍増加し、これらの豊富な財富が、自在かつ敏活に世界各地に運輸されていること。クモの巣のようにはりめぐらされた鉄道・航路は、地球の距離を幾千里か分からぬほどに縮小し、神経系統の網の目のような電線は、それで万国を束ねて一体化していることなど、近代文明の美華・光輝および偉観・壮観を讃えている（二〇〇～一頁参照）。この幸徳の文明讃歌は、当然日本における明治初期以来の大隈や福沢および渋沢達が社会制度の改革や資本主義生産の発達に貢献し近代化を促してきた「功績」の享受を意味する。とはいえそれは産業革命による文明化の一面にすぎない。他の一面においては、同時にそれは「窮乏と罪悪の暗黒をもっている」（二〇二～三頁）と、幸徳は指摘する。

第二章では、幸徳はこの「暗黒」の最大の問題である「貧困の原因」を中心に論考する。生産力の激増にもかかわらず、現実は労働者の労働時間は依然長く、しかも衣食の欠乏に苦しむ庶民が増加している。諸々の機関や施設や技術が発達しても、貧困の余り教育を受ける自由も、旅行の自由も、療養の自由も、そして参政の自由さえも持っていない多くの人民が存在する。では一体貧困の原因はどこにあるのか。それは何よりも生産機関である土地と資本に対する分配の不公平と、労働の結果である生産物の略奪、独占、生産過程で発生する「余剰価値」の搾取による。財富の分配がますます一部に偏重し、貧富の格差が懸隔するばかり。では一体どうすべきか。それは、「ただいっさいの生活機関を、地主・資本家の手からうばって、これを社会・人民の公有にうつすほかない」（二〇八頁）と、幸徳は断言する。

第三章では、彼は「産業制度の進化」について考察する。先ずマルクスの、時代の政治的、精神的歴史は、社会組織の根底にある経済的生産および交換の方法に基づき解釈すべきという「唯物史観」に依拠し、九万五千年にも及ぶ古代共産制（モルガン）の時代から、残る五千年の間の、奴隷生産制、封建制、そして産業革命に伴う交通の発達、市場の拡大、産業の増加・増大とともに資本制社会が生成し、経済的生活の変遷・推移および階級闘争によって社会組織が進化してきたことを推察する。そして「まさしく世界の歴史は、産業方法の歴史にすぎない。社会の進化と革命は、すべて産業方法の変易にすぎない」（二一一頁）と要約する。

問題はしかし、もっぱら資本制社会における社会的生産と資本家的所有の大矛盾により、その発展するところ組織的な工場生産と無政府的な一般市場との衝突、経済的自由競争と階級闘争が避けられないところに発生してくる。そこでは多数の劣敗者が資産を失い、賃金労働者が増加し、資本集中が強大化する。経済が資本を増大・集中させていく資本家的自由競争に一任されている以上は避けられない事態である。して資本家の勢いが国内市場を絞りつくし、社会的購買力が応じる力がなくなると、「資本家達は、百万生産力流通の道をもとめるのに熱中する。曰く、新市場を開拓せよ。…領土を拡張せよ。外国の物資を追放せよ。大帝国を建設せよ、と。」（二一六頁）こうして植民地帝国主義が世界を席巻していく。

近代工業の下で生産機械の改良に伴い「生産過剰」となり、経済市場が不況になると、労働者の需用（要）が節減され、多数の過剰労働者・産業予備軍（失業者）が発生する。これは社会の経済が、資本家の「余剰価値」の掠奪・蓄積と機械の改良をサイクルとして発生してくる。いわゆる恐慌の発生は、しかし労働者のみならず、資本家達にとっても危惧される事態となる。そこでかれらは社会的所有・交換の方法（「株式会社」化、トラスト化など）を駆使し自由競争を一掃するという、社会主義的な政策をとることになる。とはいえトラストがまだ資本家階級のために支配されている間は、生産量を制限し、価格を高騰させ、さらに大企業連合は独占により法外な余剰価値を掠奪し、他方社会全体の困窮・欠乏を増大させる。幸徳はこの事態のさらに先を問い、「資本家対労働者の階級闘争は、その進化・発達の最終段階でついに変化して、トラスト対社会全体の衝突になってしまったのである。…従来、ただ資本の集中と資本の増加とをもって、天職・使命としている資本家という一階級は、…その存在の理由をうしなったのではないか。いまや彼らは、単に財産分配の妨害物として存在するにすぎないのではないか。ひとり労働者ばかりでなく、実に社会全体と生産機関とのあいだにおける障害として存在しているにすぎないのではないか」（二一八頁）と。

そこで第四章：「社会主義の主張」で幸徳は、以上の事態、予測、問いに応えるべく、理想的な未来社会を次の四つの要件（イリー）の提示を以て展望した。

1．物質的生産機関（土地・資本）の公有化：ただし中央集権化を極力排除し、社会的公有化を目指す。

2．生産の多数協働者による公共的経営：事業経営は公選した代表者に一任。社会全体の消費のための生産をする。生産過剰の回避、労働時間の短縮、失業者の激減を促す。

3．社会的収入の公平な分配：完全な相互保険・保障システムにより、必要に応じて分配することを最終の理想とする。

4．社会収入を、公共的共有財産（学校、公園、道路、図書館など）を除き、その大半を個人の所有に帰す：万人の自由を保障し、その向上を促進する。

なお第五章と六章および〈付録〉では、幸徳は主として社会主義の効果と社会党の運動および直接民主制の意義について述べ、社会主義の理念、精神、システムにおける民主化の重要性を語っている。曰く「社会主義は、国家の保護・干渉にたよるものではない。…その政治は、人類全体の政治である。社会主義は、一面においてうたがいもなく、民主主義なのである。自治の制度なのである」（二三五頁）「社会主義は、…現在のいわゆる「国家」の権力を減殺することをもって、その第一着手の事業としなければならない」（二三六頁）、してそのためにユートピアならぬ科学的なマルクス・エンゲルスの『共産党宣言』に基づいた革命運動が必要と説く。また「社会主義と民主主義とは、…車の両輪のようなものである。…専制的国家のもとにある社会主義者は、民主的な国家を建設しようとこころみ、民主的国家のもとにある社会主義者は、その国家がさらに完全になることをのぞんでいる」（二四六頁）と。傍点（筆者）は、幸徳の思想がまさしく民主化革命思想であることを強調している。ちなみに最も政治的に民主化された理想的な例として、彼は「レファレンダム（直接投票）」や「イニシアチブ（直接発議権）」による「直接民主制」や公平選挙法を実施するスイスの政治制度を挙げ[8]、その重要性を繰り返し主張し、日本の納税資格による選挙法の時代遅れを痛烈に批判した（二四八〜五二頁参照）。幸徳のいずれの主張・言説も彼の民主化の精神を反映しているが、婦人問題に関しても同様のことが言える。幸徳は自らの女性関係では福沢ほどに倫理的ではなかったが、女性の社会的権利向上という点では、福沢よりもラジカルに理解し、従来の組織は婦人に教育も財産も与えず独立も許さず、男子の玩弄物であり奴隷であり寄生虫にならざるをえなかったと痛烈に批判し、婦人解放（男女平等、自由、独立）の重要性を訴えた（二六一〜三頁参照）。

藩閥専制政治の支配する明治維新の日本社会にあって、当時これほどに進取的で、革新的で、卓越した社会主義思想を展開した人物は、幸徳を除いていなかった。しかし彼にしてさえ、時代の心的桎梏からいきなり完全に自由の身にはなりえなかった。彼の社会思想には「国家主義」が排除されたが、「君主制（天皇制）」による「観念的母斑」がなおもつきまとい、いまだ兆民の限界を乗り越えあるいは脱落しえていなかった。幸徳は、民主主義を重視しながらも、他方〈付録〉の〈社会主義と国体〉では、「天皇主義・国体」を非政治的に信仰し、その藩閥専制政治との密接な関連を理解することができなかった。たとえばそれは、国体とは、日本では「二五〇〇年一系の皇統」であり、「無上の誇り」であり、「社会主義と矛盾しない」（二五三頁）「社会主義はかならずしも君主を排斥しない」（二五四頁）といった、彼自身の「陳述」から読みとれよう。

神崎清は、「帝国憲法によって神聖不可侵とされた天皇制国家内部における天皇自身の絶対権力が、現実の政治過程では、藩閥政府の官僚機構を通して、働く国民の安全・幸福よりも、つねに巨大な天皇家の繁栄と、資本・地主の利益保護に向けられていた厳然たる事実に当面しながら、それでもまだ、それは「天皇の大御心ではない」として、社会主義と国体との調和をとなえた幸徳秋水の論理構成に、大きな弱点があり、矛盾がひそんでいた」[9]と指摘している。同感である。

しかし〇四年に『平民新聞』掲載の幸徳と堺の共訳『共産党宣言』および幸徳の社説が発禁となり、さらに社会主義協会に解散命令が下り、〇五年に『平民新聞』の廃刊（一月）に及ぶと、幸徳の胸の内にも政府と一体化している天皇に対し疑惑が芽生えてきた。そして続く当社説の国家主義教育批判に絡む筆禍事件（二月）[10]で、幸徳が編集人としての連帯責任を問われ、禁固五ヶ月の刑を受け巣鴨監獄に入獄させられたとき、彼の天皇との「絆」が完全に切れた。して出獄（七月）後も『平民新聞』の後継紙『直言』が発行停止（九月）になるなど、幸徳は活動の機会の一切が奪われ、皇国日本に対する彼の憤りは頂点に達した。だが万事休すである。やむなく幸徳は平民社を解散（一〇月）し、運動再建のために一端は不自由な日本を離れ、アジールとしての「自由の国」アメリカへの渡航を決意する。

思想の変化

度重なる弾圧・艱難のなか、しだいに幸徳の心境および思想に大きな変化が起き始めていた。それは、国家権力自体の暴力性の覚知であり、同時に天皇の「神々しき御手」から「毒手」への自覚的な転換であった。[11]ただこの思想的変化は弾圧の反動としてのみ起こったわけではない。弾圧の強まる少し前の〇四年の『平民新聞』に掲載された彼の「与露国社会党書」（三月）と「敬愛なる朝鮮」（六月）の二つの論説文[12]による反帝国主義戦争の追究のなかですでにその兆候が読みとれる。

先ず前文において、幸徳は、愛国主義と軍国主義に依拠し始まった日露帝国主義戦争を憂い、各々帝国を世界万国の、人種や国籍の別を問わない社会主義者同志の共通の敵と見定め、一致団結して闘うべきことを説いた。曰く、「諸君と我等の共通の敵なる悪魔は、…兇焔を吐き毒手を伸べて、百万生民を凌虐す、是れ実に我等と諸君と世界万国の社会主義者との、…一致同盟団結すべきの秋也、マルクスの『万国の労働者よ同盟せよ』の一語は、真に今日に於いて実現せしめざる可らず、…」（二六〇頁、傍点は筆者）と。

次に後文（二六六〜九頁）では、日清・日露両戦争の、列強による「侵略政治」の本質を明らかにし、とりわけ日本政府の弁解すなわち「朝鮮救済」「朝鮮の独立」などといった「誇称」や「好名義」の欺瞞性を暴いた。曰く「朝鮮国民の立場より観察せよ、是一に日本、支那、露西亜諸国の権力的野心が、朝鮮半島てふ空虚を衝ける競争に過ざるに非ずや、」と。しかし同時に皇国日本政府とダブらせながら、朝鮮国民にとっての「厄物」として朝鮮政府や皇帝を「一個吸血の毒虫」と名指す。そしてさらに彼は主張する。我々は「国家的観念の否認」を以て「強者の権力を是認する国際道徳の範疇を破る」べきと、「超国家の大思想」「人類同胞の大熱情」を以て朝鮮に接すべきと。いずれにおいても幸徳は、他国を「踏み台」にした帝国主義戦争に対し、脱・超国家的インターナショナルの精神と団結の必要性を説き、自らも国家・帝国に潜む支配権力の虚栄や欺瞞性、してその「毒手なる」を感得していった。後に一連の当局の弾圧を受け、また少し遅れてロシア革命勃発を知り、まさに負と正の両面の「出来事」によって、幸徳のかつての「世界人民」的な観念を、また国家権力および論理に対する脱「国家」の感覚を、反皇国の確たる思想的自覚にまで高めさせていったのである。

ところで一八七一年のパリ・コミューンが幸徳の生まれた年であったが、一九〇五年のロシア革命（第一次）は、彼の思想的な最大のターニングポイントとなった。当時ロシアもまたツァーリズムの専制政治が横暴を極めていた。民衆の反感が高まるなか、日露戦争による生活難と敗戦が追い打ちをかけストライキが頻発するようになり、その反動から当局の弾圧は一層激しさを増し、革命運動が急速に高まっていった（詳細は後述）。大陸ロシアの社会主義に依拠したこの革命運動の勃興は、世界の多くの革命家達を歓喜させ勇気づけた。明治維新政府による弾圧の渦に翻弄されていた幸徳達もまた、誰よりもロシア革命の到来に喜び興奮したのである。

幸徳が第一次ロシア革命の顚末をはっきり知ったのはしかし、彼がアメリカの西海岸（シアトル‐サンフランシスコ）の地を踏んだ〇五年一二月以降のことであった。ただ革命勃興のニュースを耳にした時の彼の興奮は大きく、その高揚する思いが、『直言』廃止後に引き継がれた『光』紙上に載った。[13]「革命がやってきた。革命がはじまった。ロシアからヨーロッパに、ヨーロッパから世界に、猛火が野原をやきつくすようにもえひろがっている。洪水が堤防をうちやぶるように氾濫している。今日の世界は、革命の世界である。今日の時代は革命の時代である…」「…ロシアの革命をもって、ロシア一国の革命にとどまるもの、と考えてはならない。端的にいって、それは、世界にみなぎった労働革命の熱火が、ただその噴火口をロシアの地域で見つけだしたにすぎない。ロシアの革命は、世界革命の一環である。彼ら革命党の勝利は、そのままわれら万国革命的社会党の勝利である」と。

サンフランシスコに到着した幸徳が真先に論じたテーマは、しかし「ロシア革命」ではなく、日米関係の将来と移民問題についてであった。それは幸徳のはるか前に渡米した福沢や渋沢による感情的かつナショナリティックな「愁（憂）い」というよりも、科学的社会主義の観点に依拠していた。

〇六年に掲載された『日米』誌[14]において、先ず彼は「日米関係の将来」（一月）について述べた。曰く、「わが日本が、今から十年、あるいは二十年、あるいは三〇年・五十年ののち、さらに他の強国と戦争をはじめるようなことがあったら、その相手国になるものは、…かならずや現在、わが国ともっとも親善といわれているアメリカ合衆国そのものであろう。…太平洋上で接触している両大国の商工・貿易が、ともにますます発達し、隆盛をきわめたあげく、その利害は、おそかれ早かれ、いちどは衝突する運命をまぬがれまい」（三四四〜五頁）と。そしてこの予知は、世界資本主義的な趨勢すなわち世界貿易の中心が地中海から大西洋そして現在太平洋沿岸の時代へと移り、「…アメリカという巨人が、その広大な土地と、無限の資本と、精巧な機械から生産した莫大な商品をかかえて、横行・闊歩しようとする新市場は、うたがいもなく、わが東洋の各地である」（三四五頁）という認識に基づいていた。要するに幸徳は、アメリカの財富が一部に集積し資本の過多や生産の過剰によりかかる資本の投下のために、中国・朝鮮・フィリピンなどの東洋の各地に突進し、結果新市場争奪をめぐって日本と激しい経済的競争を引き起こすと予見したのである。とはいえ日米の軍産的な国力差は歴然としている。そこで幸徳は、この格差の打開には、中国との連合が必須となってくると言う。というのも「今日の世界において、その土地の広大と自然の資源と資本の豊富な点で、アメリカに対抗できるのは、一つの中国しかない。…もしかれが、いったん文明的な知識によって指導され、政治的に覚醒し、経済的に活動しはじめることになったら、その勢力は、はかり知ることのできないものがあるだろう」（三四八～九頁）からだ。まさに恐るべき予知。

次に幸徳は「日本移民とアメリカ」（二月）と題し、特に両国民間の軋轢に言及した。要約すると、原因はアメリカ国内における貧民労働者や失業者の増加が労働市場における競争を激化させ、特に白人労働者による移民労働者に対するバッシングが強まり、結果日米両国の感情が反発・離反を招いたことにある。して事態の克服・回避のためには、先ずはアメリカ国内においてすべての物資を、とりわけ生産の二大要素である土地と資本とを資本家の占取にまかせないで、その生産者である労働者の共有にすれば、つまり社会主義の実行により貧困・失業が解消され、他国民・他民族排斥もなくなる。日本国内においても同様なことが言える。ただし日本にはアメリカの政治的「民主・自由」がない。現君主（天皇）制国家は租税や徴兵を強いるが、日本人民に何の恩恵・利益も与えない。とすればもはや日本の国家組織を改革すなわち「日本の政権と金権とを、すべての人民全体の手にうつす以外に、道はない…」（三五五頁）と。

こうして当誌において、幸徳は冷静に当時の世界の動向を分析し、未来の「日米戦争」や「中国の台頭」を的確に予知し、当面する移民問題については社会主義的な処方箋を提示した。

なお当時アメリカ西海岸には、幸徳と同様、ロシアから亡命を余儀なくされた社会革命党員やアナーキストの人達が活動していた。幸徳は、直接かれらのラジカルな自由を重視する社会思想と接し、また亡命地アメリカでの社会党の入党や労働組合とのコネクトを通して、自らの思想をステップアップさせていった。ただ労働組合との関係については、当時アメリカの労働運動の主流（前衛）を形成していた、保守的な労働総同盟（ＡＦＬ：一八八六年結成）よりも、〇五年に創設されたばかりの急進的かつ無差別的なサンジカリズムに依拠した「世界産業労働組合（ＩＷＷ）」の活動指針や綱領から大きな影響を受けた[15]。アメリカの自由社会とは異なる、専制国家社会での活動を余儀なくされていた幸徳にすれば、保守的改良主義的な運動ではなく、折しもロシア革命に倣い、君主（天皇）制の廃止と無差別的な労働大衆によるラジカルな運動が求められたのである。

つまりそれは、もはや議会主義や組合主義に依拠しない、ゼネラル・ストライキなどまさに直接行動（ダイレクト・アクション）に基づいた運動、すなわち政治の中央集権的な、もっと言えばいかなる「前衛・専制・独裁」の政治をも許さない無政府主義的な闘いとなる。して目指す世界は、幸徳自らが遭遇したサンフランシスコ大震災を通して覚知した、無政府主義と社会主義の結びついた「無政府共産」の世界―商業がすべて停止、郵便・鉄道・汽船はすべて無賃、食料は給与制、…金銭無用・財産私有の消滅した、民衆の共助のみに依拠した、社会主義社会の後に訪れる世界[16]である。

〇六年六月、革命運動の目的と方針の定まった幸徳は、在米日本移民の岩佐作太郎（一八七九～一九六七）達とともに社会革命党を設立し、そして同月帰国の途に就いた。幸徳の渡米中、日本の政局は長州藩出身桂太郎（一八四七～一九一三）の軍閥内閣から社会主義運動にいくらか寛容な中江の元友人西園寺の内閣に代わり、幸徳の帰国少し前に堺主導の日本社会党が合法的に結成された。またメーデーの前身とも言われる、社会主義者と労働者の「祭典」が、密かに復活した平民社屋内で施行された（〇六年五月一日）。この時とばかり日本に帰った幸徳は、早速日本社会党主催の歓迎演説会で、「世界革命運動の潮流」と題し、ロシア革命を教訓に新たに社会主義実現の手段として、前述の特に政治的ゼネラル・ストライキのような直接行動の必要性を説き、社会主義運動の方向転換の必要性を訴えた。さらにまた〇七年二月一五日の日刊『平民新聞』に、幸徳は「余が思想の変化（普通選挙に就いて）」と題した論説文を掲載し、[17]「余が社会主義運動の手段方針に関する意見は、一昨年の入獄当時より少し変じ、さらに昨年の旅行に於いて大いに変じ、今や数年以前を顧みれば、我ながら殆ど別人の感がある。」と告白し、改めて普通選挙や議会政策では「真個の社会的革命」を成し遂げることはできず、団結せる労働者の直接行動に依るほかない、と述べた。

同年同月一七日に開催された社会党第二回大会においても、党則の議決案を巡り、幸徳は同様の主張に基づく演説を行った。[18]幸徳は先ず議会主義に対し、「…抑も議会なるものは現今の社会組織の産物である、資本家的社会制度の産物である。…今の紳士閥即ち中等階級が、貴族の専制政治を倒す為に造った器械である、而して一方には…、我々労働者階級の血と汗とを搾り取る為に案出されたる器械である、…然るに労働者階級が今此紳士閥を倒す為にも矢張り此機械に依らねばならないと云う必要何処にある、或ひは普通選挙が行われ、労働者の代表者を議院に送れば議会は最早斯くの如きものではないと云うが、畢竟之一の夢である、…議会によりて労働者の権利と利益が進められたことは殆どない、却て彼等はストライキによりて権利と利益を増進して居るのである…」（傍点は筆者）と批判する。なおここでは議会が「機（器）械」として唯物的にとらえられ、さらにこれまでの議会中心の日本社会党の政策に反省が促されストライキの重要性が語られている。

　続いて議員や労働団体の「首領」の腐敗の問題に触れて、幸徳は「…実際労働階級の自覚と訓練によりて、全く資本を公有にするという場合には、決して労働者に首領の必要はない、…今回の足尾の騒動の如きは、或る首領なるものが代表したる運動では決してない、彼等の間には首領はない、彼等は実に直接の運動を取ったのである」とし、直接行動には指導者と被指導者という関係が発生しないことを指摘する。その他の慈善事業や社会事業などに対しても彼は、「社会進化の動機は、沢山あって決して一本道ではない」ことを断わりつつも、とりわけ足尾銅山の公害問題に対する田中正造（一八四一～一九一三）の二〇年の議会での努力が、たった三日間の労働者のストライキで大きな成果を得たことを強調し、繰り返し法を超えた効力ある直接行動（ストライキ、ゼネスト、デモなど）の必要性を訴えた。

平民社の人々と大逆事件

　若くして幸徳の「信奉者」かつ同志となった荒畑寒村（一八八七～一九八一）が、後に自著『平民社の時代』[19]の中で、当時の平民社の思想・運動を振り返り、「平民社の歴史は明治三十六年十月、日露開戦の危機に際して、文字通り一と握りの先駆的社会主義者が、滔天の好戦的風潮に抗して堂々と反戦の主張を公表し、週刊『平民新聞』および後には週刊『直言』を発行して社会主義の宣伝につとめ、苛察辛辣なる政府の迫害と悪戦苦闘の末、…三十八年九月に解散するまで約二年間…」闘った。「日本の社会主義は平民社により初めて書斎の研究から外套の政治運動に進出したのであって、わが国の社会主義運動史はここに始まった、…少なくとも有史時代に入ったと言うも誤りではない。」と、高く評価した（六頁）。至極当然の評と言えよう。

しかし続けて寒村は、自戒をも込めて「…組織的な訓練、実践上の経験、わけても思想的統一の基礎を欠いていたから、その弱点欠陥は不可避的に爾後の運動に跡をとどめている。草創期にあっては…、平民社の社会主義思想もまた、幼稚素朴を免れず、矛盾不徹底を極め、未だ渾然たる理論的体系を有するに至らなかった。社会主義運動の基盤たる労働者階級が発達せず、大衆的な階級闘争の発展を欠いていた当時にあっては、平民社が勢い合法主義の観念におちいり、…」と分析する。また彼は『共産党宣言』共訳における、商品・交換の価値と価格などいくつかの誤訳（二二三〜四頁参照）や、全国の「三千余の同志」および背後の「四〇余の大小社会主義団体」を結束し組織できなかったこと（三六三頁参照）をも含め、かかる初期平民社運動・思想を「矛盾不徹底」「幼稚素朴」と痛烈に批判した。理論的統一性の欠如などの指摘は当然としても、寒村自らが属した平民社の運動を「幼稚素朴」などと難じることは余りにも浅薄で、自らの思想的限界をも露呈する。彼は自らの社会主義運動の基礎を築いたエネルギーを「戦争反対の信念、平和主義の情熱、人道主義の理想」にあったとしたが、他方「…社会主義に対する帰依献身、そして…鉄火を辞さない犠牲的精神に外ならなかった」（傍点筆者）とする国家主義や宗教類似の境地に迷い込んだ（七頁参照）。内的心情はともかく、彼のそんな教条主義は、幸徳思想の卓越性と可能性を、また寒村自身の役割をも見落すことになる。

寒村は当初幸徳の『社会主義神髄』に理論的な影響を受けたが、彼の儒教道徳的な思想には批判的であった。だが幸徳の後の非合法的かつ開放的な労働大衆による「直接行動」論には、寒村は賛意を表明した。実際幸徳の「直接行動」論は社会主義運動をグレードアップさせた。とはいえかかる直接行動には、いかなる綱領も指針も示されず、いまだ理論的統一性を欠いていたため（寒村の批判にはこの点が欠落）、結局平民社の分裂と消滅を招いた。〇七年以降、直接行動派（幸徳、大杉、荒畑、…）と議会主義派（片山、西川、…）との対立が深まり、後者がしだいに運動から後退していくのに反し、前者は日刊『平民新聞』を新たに日本社会党の機関誌として担わせ、党の運動方針を無軌道なまま急進的な方向へと旋回させていった。その結果はしかし、国体論者元老山県を主導とした維新政府による、治安警察法を翳しての党結社禁止、党機関紙および後の『直言』紙の発禁・廃刊と、弾圧強化を呼び込むことになり、再び平民社運動が危機に陥っていった。

ところで〇三年に非戦・反帝国主義および社会民主主義の理念を掲げ設立された平民社に、しばらくは（解散の〇五年頃まで）「忠君」の観念が不問・非政治化されていたこともあり、創設者の幸徳や堺の下に、両者に共鳴した前述の荒畑をはじめ大杉栄（一八八五〜一九二三）や山川均（一八八〇〜一九五八）達のいわゆる唯物論派が参加し、さらに社会主義的な考えに同調する幅広い多様な考えを持った面々が集ってきた。なかでも各々宗教者特にキリスト教者であった、創設当時の内村鑑三をはじめ、木下尚江および安部磯雄の関わりが大きかった。

なお無教会主義を掲げていた内村は、『万朝報』の時から社内に幸徳、堺、斯波貞吉（一八六九〜一九三九）達とともに「理想団」を結成し、日露戦争に反対し非戦平和主義の論陣を張った。がその観念的自由主義ゆえに平民社創設以降しだいに非宗教的、唯物論的な観点を重視していった幸徳や堺と疎遠になっていった。しかし木下は、社会主義的な思想をも身につけ、社会民主党結成および平民社の運営にも加わり、自らが運動から身を引く〇六年までの間、幸徳や堺とともに平民社の運動に寄与した。特に幸徳との関係では、前述の足尾銅山鉱毒事件をめぐって被害者達のために奔走する代議士田中正造の、天皇への直訴の挙を弁護し、直訴文を代筆起草した一連の幸徳の言動に対し、同様に被害者の救援活動に関わっていた木下が前近代的かつ皇室迎合的として、幸徳の言動を厳しく批判した。木下にとって人格神キリストに代わる「絶対的存在」は認容できず、脱天皇制という点では、「偶像」のすげ替えとはいえ、当時幸徳よりも思想的に徹底していた。安部もまた同じキリスト教者であったが、木下よりもさらに社会主義運動に息長く関わり、社会主義研究会から社会民主党結成さらには平民社の運動、そして大逆事件に至るまで、幸徳・堺達とともに非戦・社会主義運動に貢献した。しかし平民社解散後には、安部は木下や石川三四郎（一八七六〜一九五六）を伴いキリスト教社会主義派による『新紀元』を発行し、西川の発行した、マルクス社会主義的な唯物論派の『光』に対抗していった。さらに先になるが、第一次大戦後は社会主義右派勢力の形成に関わり、しだいに翼賛化の罠にはまっていく（後述）。

安部と同じく生粋のクリスチャンであり、彼と社会主義研究会以来の同志でもあった片山潜は、少し異色でいずれの派にも属せず、紆余曲折の遍歴を辿った。片山の活動の出発点は、一八八四年の渡米から九六年の帰国までのアメリカ在住での学問（文学や神学）と労働組合活動にあり、彼は貧困や労働問題に深い関心を寄せた。帰国後は、九七年に労働組合期成会を組織し、『労働世界』の編集を行い、鉄工や活版などの労働組合を指導するなど積極的に行動した。また社会問題研究会創設の発起人の一人となり、九八年には社会主義研究会創立に尽力し、さらに一九〇一年には社会民主党結成のメンバーとなった。〇三年には平民社の運営にも加わり、〇四年の日露開戦時には、日本代表として第二インターナショナルの第六回大会（アムステルダム）に参加し、プレハーノフと握手を交わし非戦を誓い合い、国際的な脚光を浴びた。

〇七年にアメリカから帰国した幸徳が日本社会党大会で「直接行動」論を主張したが、片山はあくまでも議会主義の立場から対抗し、普選の実現や労働者の団結を主張した。ただし第一次世界大戦後には、片山は再びアメリカに渡り在米日本人社会主義グループの結成や反戦運動に尽力した。がしかし第二次ロシア革命の「成功」とレーニンの著書（『国家と革命』）に対する感銘が、彼の思想を大きく転回させ、自らが即刻モスクワに行き、キリスト教と完全に手を切り共産主義者となった。そして二二年にコミンテルンの執行委員会の幹部となり、世界のゆえに日本の労働運動および共産主義運動を「教導」するという地位にまで登りつめた。だがそんな片山も後にソ連共産党に同化し、欧米植民地帝国主義に敵対する、もう一つの中央集権的な共産主義的帝国主義（後述）に加担していくことになる。振り返れば、かつて堺の調停努力かなわず、幸徳の「直接行動」派が片山の労働組合運動派との協働を推進しえなかった、そのつけが回ってきたと言えようか。もとより幸徳自身、片山の議会政策や労働組合運動を否定したのではない。その国家内的な活動の制約や限界を明らかにし、何よりも中央集権的な組織や国家権力に巻き込まれる危険性を指摘しただけである。事実片山の与したソ連共産党の末路が、ある意味幸徳の指摘の正しさを証明した。

ただし平民社運動の中心が専制維新政府と大地主・資本家階級に対抗する農民・労働者の闘いにあり、その点では幸徳と片山は「同志」の関係にありそれほど大きな齟齬を来すことはなかったが、最大の危機は、社会主義に国家主義を結びつけ袂を分かつ思わぬ人物達が、平民社運動の「同志」「シンパ」の中から現れたとき訪れた。特に内村や堺と交流のあった山路愛山（一八六四～一九一七）と『万朝報』時から平民社の創設・運営時に至るまで長く関わった斯波が、〇五年に国家社会党を結成したときは、同志間に衝撃が走った。また青年期に社会主義思想に傾倒し（特に『新紀元』に共感）、一介のシンパとなっていた大川周明（一八八六～一九五七）も、非戦に反対し日露開戦を積極的に支持し、いずれ国家社会主義者となっていった。ただ同じく日露開戦を支持し後に大川達と同志ともなっていく北一輝（一八八三～一九三七）は、平民社設立当時『平民新聞』発行の翌年に『佐渡新聞』に万世一系天皇制批判の論文を連載し、さらに当局による連載中止後は、幸徳らの『平民新聞』を取り寄せ知人に配布するなど、他のいずれとも異なり幸徳由来の社会民主主義や「直接行動」論に肩入れし、しかし同時に自前の国家社会主義思想を形成していった。後に北は平民社から距離を置くようになり国家主義グループに接近していくが、彼には大川達のような天皇尊崇の念はなく、山路や斯波の「政府社会主義」（北）への転身とも異なる、彼独特の、まさに擬国家社会主義的ナショナリズム[20]を展開していった。

渡米後思想の転換を遂げていた幸徳には、天皇は尊崇の対象から打倒の対象となっていた。とはいえ天皇の拉致・抹殺はもとより、その存在を歴史的すなわち神道や政治制度との関連で理解し、明確に制度の解体を目指したわけでもなかった。ところが突如幸徳の周辺からテロまがいの「直接行動」を示唆する「天皇抹殺」の声が上がった。先ずアメリカで、彼自らが結成に加わったサンフランシスコに本部のある社会革命党の党員達が、〇七年一一月に「暗殺主義」と題して、「天皇は神でなくサルの子孫であり日露戦争における侵略者」といった明治天皇への公開状を日本領事館の周辺に掲示した（天長節事件）。また同文のビラが日本内地の社会主義者達にも密送され、まわり巡って元老の山県にもその情報が届いた。一方日本でも、〇八年に大杉栄、荒畑寒村、堺利彦、山川均達の直接行動派が革命の赤旗を掲げ、「無政府共産」などと叫びデモを行い、結果多くの同志が逮捕され投獄された。このいわゆる赤旗事件は警察の謀略、挑発によるものとみなされたが、その後神田署内留置場の壁に「一刀両断天王首　…」などと書かれた「不敬」の落書きが発見され、当局を激怒させ大騒ぎとなり、無実の者までも逮捕起訴された。国体論者山県は一連のこのような天皇への侮辱・脅迫事件は、社会主義者に甘い西園寺内閣に責任があるとし、代わって桂軍政内閣を登場させ、社会主義者への弾圧を強め一斉検挙に乗り出した。

なお赤旗事件当時療養をかね郷里の土佐にいた幸徳は、事件を知り急遽東京を目指した。途中彼はいわゆる社会主義者で同志でもあった紀伊の真宗浄泉寺の僧侶高木顕明（一八六四〜一九一四）と、また箱根大平台の林泉寺の禅僧内山愚童（一八七四〜一九一一）と会い、思想的な交流を持った。幸徳の思想には直接キリスト教の影響はなく、むしろ後に『基督抹殺論』（一一年）を書くほどであったが、仏教に対しては親和的な面があり、特に空思想に通暁していた。その点では幸徳と特に愚童との思想哲学的関わりは重要である。幸徳は愚童から「色即是空・空即是色」を、また愚童は幸徳から無政府社会主義を学び、そうして「無政府共産」のスローガンが形成された。その趣旨は、愚童の秘密出版：『入獄記念・無政府共産・小作人はなぜ苦しいか』という「赤旗事件」記念出版のパンフレットに、端的単純な言葉で語られている。「なぜにおまえは、貧乏する。ワケを知らずば、きかしましょうか。天子・金持ち・大地主の人の血をすうダニがおる」[21]と。まさに天皇家の権威を神の座から引き下ろし、その寄生性および搾取性を分かり易い論理で暴くもの。しかしこのラジカルかつ分かり易さが、当時の反天皇・社会主義者達を過激な行動に走らせ、当局を「大検挙‐一掃」という目的に向かって邁進させる引き金ともなった。

大逆事件のきっかけは、愚童のパンフレットの文に刺激された機械工の宮下太吉（一八七五〜一九一一）の天皇暗殺計画にあった。宮下は、森近運平（一八八〇〜一九一一）や片山潜さらには幸徳にも計画を打ち明けたが、快い返事が得られなかった。しかし彼は諦めることなく、幸徳が紹介した新村忠雄（一八八七〜一九一一）や当時幸徳と内縁関係にあった菅野スガ（須賀子、一八八一〜一九一一）達と連絡を取り、爆裂弾製造に関わっていった。〇九年に乗り気のない幸徳を差し置き、爆発実験を成功させた面々は、その実行を一〇年の秋と定めた。しかしかねてから宮下の身辺を探っていた信州松本署のスパイが彼の爆弾製造を探知し暗殺計画が発覚した。そうして実行数ヶ月前にして、関係者が一斉検挙された。

平沼騏一郎（一八六七〜一九五二）を次席検事とした大審院は、「皇室に対し危害を加えまた加えんとした者を死刑に処す」といった超合理的不条理な、治安警察法刑法第七三条すなわち「大逆罪」に該当するとして、数百名の社会主義者を一斉検挙し、二十四名に死刑判決を下した。そのうち十二名は恩赦減刑（無期懲役）されたが、宮下、新村、菅野達の実行計画者達と、彼らと密接な関係にあった幸徳や森近、愚童達含め十二名が、間もなく一一年に死刑執行された。当局は、これら一連の事件は幸徳を首魁とした「大逆事件」であるとフレームアップし、全国的に宣伝し、そうして反体制的な社会主義者を根絶やしにするという当初の本懐を遂げていったのである。

(注)

1. 「兆民先生」（『幸徳秋水』伊藤整編、中央公論社）参照。
2. 「『東洋自由新聞』論説」（『中江兆民』中央公論社）参照。
3. 本書（巻末図書）は、「南海先生」の家に、民主主義的で平和な政治や制度を重視する「洋学紳士君」と、国家主義・帝国主義を主張する「豪傑君」の二人が訪問し、ブランデーを飲みながら政治論をたたかわすという設定の趣向本である。ちなみに南海先生の折衷的な、漸進的改革主義にして立憲君主的な考えは、当時の兆民自身の基本的な思想的スタンスであった、と思われる。
4. 『中江兆民』（河野健二編、中央公論社）参照。
5. 『幸徳秋水』（中央公論社）参照。
6. 『平民主義』（右同）参照。
7. 『社会主義神髄』（右同）参照。
8. 『スイスを知るための60章』（明石書店：三〇七～一七頁）によれば、スイスは、一八一五年のウィーン会議で、「中立宣言書」により「永世中立国」として承認されたが、国民皆兵の徴兵制を採用し、強大な軍事力をもった「武装中立国」であった。ヨーロッパ諸国家の緩衝地帯となり、アジールの役割を担い、四八年にスイス連邦が成立し、政治は、議会政治による間接民主制の他に、レファレンダムとイニシアチブによる直接民主制が採用され、相互補完的な政治が施行された。なお前者のレファレンダムには、義務的なもの（憲法改正案）と任意的なもの（その他の議決案）があり、後者のイニシアチブには国民が連邦憲法改正を提案する権利が認められている。そこでは当時にして民主化のかなり進んだスイス独自の卓越した民主政治が認められたが、しかし他方徴兵制や女性参政権の遅延（一九七一年に認可）に見られるように、多くの問題もはらんでいた。

9. 「反戦・平和の原点　幸徳秋水」（『幸徳秋水』中央公論社）四〇頁）。

10. 筆禍事件とは、週刊『平民新聞』（第五二号）に「小学教師に告ぐ」（石川三四郎）という、藩閥政府の強制的差別的な国家主義教育を全面的に批判し、公共的な人民教育の必要性を訴えるとともに、教師達に社会主義運動に身を投じることを勧めた檄文（『平民社の時代』（論創社、資料篇二七一～四頁）が掲載されたことに対し、当局が反政府行為の重罪として対処した「事件」。

11. 神崎が「反戦・平和の原点」（注9同）の中で、幸徳の英文書簡に、the pernicious hand of〝His Majesty〟（天皇の毒手）という表現を見出し、彼の心境および思想の変化を示唆している（四五頁参照）。

12. 『平民社の時代』（論創社）参照。

13. 『光』一巻九号：〇六年三月（『幸徳秋水』中央公論社、三一〇～一一頁）。

14. 『日米』（右同書）参照。

15. 『アメリカの歴史2』（五一五～二四頁参照）によれば、労働運動の前衛が、「労働騎士団」から労働総同盟に代わったが、いずれも黒人の組合参加に反対し差別的であった。しかし世界産業労働組合は、白人も移民も黒人も、いずれの労働者も差別なく組合員となることができ、第一次世界大戦にも反対した。なおフランス労働運動出自のサンジカリズムについては、『社会主義と共産主義』（巻末図書）一四四～五八頁参照。

16. 『光徳秋水』（中央公論社）四七六頁参照。

17. 『幸徳秋水・大杉栄・堺枯川…』（筑摩書房）四四頁参照。

18. 「幸徳秋水の演説（一昨日社会党大会に於ける）」（『平民社の時代』論創社、資料編三三八～四四頁参照）。

19. 『平民社時代』（中央公論社）参照。

20. ナショナリズムの意味には、民族主義、国民主義、国粋主義、そして帝国主義の最大の動機となる国家主義がある（「前著」一〇二頁参照）

21. 『幸徳秋水』（中央公論社、五九頁）他参照。

第三章 「革命来」・「戦争来」
──革命と帝国主義戦争──

革命史と独裁

幸徳秋水は、一九一四年の第一次世界大戦の勃興を、そして何よりも大戦と同時に誕生した世界初のソヴィエト社会主義政権を知ることなく、皇国維新政府の「テロ」によって斃れた。彼は日本人として生を受け、欧米の植民地帝国主義のアジア権益をめぐる争奪・侵略を告発し、日清戦争から日露戦争へと欧米帝国主義列強に追随する日本帝国政府に抵抗し闘い、そして消された。しかしその間彼は過去の革命・革命思想を学び、また何よりも間接的だが現在形のロシア革命（一次）にも遭遇し、自らの社会主義革命思想に自信を深め、大衆に向けて「革命来」の意義および必然性を語ってきた。前出の『社会主義神髄』のなかで幸徳は「社会の歴史は、革命の記録である。人類の進歩は、革命の効果である。…イギリスが、クロムウェルの決起と出会わず、…アメリカが、独立を宣言することができず、フランスの人民が、共和制をたてることができず、…日本の明治維新がなかった、と仮定すれば、…現在の文明は、はたしてどこに見ることができるであろうか」（二三八頁）と革命の意義を述べた。しかし同時に、思想転換後の社会党大会の演説（前出）で彼は、フランス革命が議員達ではなく、労働者の直接行動によっていたならば、マラーやダンドンやロベスピエール達が政権争奪やギロチンゲームに終始し、人民を失望させ、結果ナポレオンの専制武断政治に膝を屈することがなかった（三四二頁参照）、などと語った。

革命の歴史的な意義と必然性については幸徳の指摘通りである。ただし議員による革命が失敗の原因であるとする言及には、若干補説が必要であろう。確かに議員主導の革命は政権争奪に結びつく傾向にある、がしかしだからといって労働者の直接行動であれば必ずや回避できるものでもないことは、パリ・コミューンやロシア革命が物語っている。問題は、いかなる集団・組織であろうともそこに民主的な関係があるかないかで決まってくる。幸徳自身もそれゆえ「…一八六〇年代にあっては、集産主義の語は、バクーニンらによって、マルクスらの中央集権に反対する連合主義的社会主義の意味にもちいられたが…」[1]と述べ、また前述したように直接行動においてさえ、指導・被指導の関係を極力避けようとしたのではなかったか。そもそも彼が議会主義的な社会主義や中央主権的なマルクス主義ではなく、革命的サンジカリズムや無政府主義を唱道したのは、藩閥政府の中央集権システムを対抗する集団に持ち込み、革命的独裁を回避するためではなかったか。

なお幸徳の「直接行動」論や無政府主義を暴力的な共産主義や無政府主義的テロリズムと結びつけ語る者がいるが、むしろ当時幸徳ほど専制や独裁および野蛮を忌避し、世界の「平和」の実現を追求した思想家はいなかった。だからこそ彼は、最大の暴力である帝国主義戦争はもとより、個々の暴力的な行動に対しても忌避的かつ抑制的であった。ときには彼の言動が儒教道徳的かつ観念的と批判されるほどに。とはいえそんな彼とて、専制国家下の矛盾・不条理の現実社会にあって、不可避の自衛的・抵抗的な「暴力」までも否定したわけではない。現に彼は、前述したように、ツァーリ専制独裁権力に対する防衛・反撃の暴力的な「直接行動」を以て成し遂げたロシア革命をもろ手を挙げて歓迎した。ただ歴史の狡知と言うべきか、アイロニーと言うべきか、かかる輝かしきロシア革命も後にしだいに革命運動内部に覇権争奪が発生し、結局ツァーリ類似の独裁的中央集権的なソヴィエト政権へと帰結していく（後述）。幸徳はその顚末を知ることなくこの世を去ったが、もし彼が生きていたなら、このような革命の独裁化に対して、間違いなく真っ向から異議を唱えたであろう。しかしいかなる民主化革命であろうとも、専制・独裁化と完全に無縁ではありえない。一体いかにしてこの「宿命」を回避すべきか。改めてこのアポリアについて、〈革命と独裁〉に焦点を絞り歴史を振り返り考えてみたい。

本書の「序」でも述べたように、革命的独裁は清教徒革命（一六四二年〜）におけるクロムウェルの独裁政治を以て始まった。絶対王政を倒し、議会派の優勢を確立し、政治の中心軸を王政から共和政に移行させたことは彼の大きな功績であり、それは革命の成功を意味した。しかし革命議会派の政権奪取後に、彼はスコットランドとアイルランドを征服し（四九年）、さらにスペインからジャマイカを奪い（五五年）、覇権主義的・帝国主義的な政策を展開すると同時に、国内的に最も民主的で革新的な水平派を弾圧し、自らが護国卿となり（五三年）、政治・軍事の独裁権を一手に掌握し、さらに清教徒的監視政策を強行していった。結果国民の反発を招き、君主側の反撃攻勢を許してしまう。

幸徳が革命家の先駆者としてクロムウェルではなく、ワットの名を挙げた理由も理解できようか。革命破綻後の王政復古（六〇年）による絶対的専制政治に対して、再び勃興した名誉革命（八八年）は、国王の統治権を剝奪し「君臨」のみを認容するという中途半端な、しかし一滴の血をも流さず立憲君主制による義会制民主政治を確立させた点で、まさに「名誉」な革命とされた。そこでは革命的独裁が発生しなかったが、しかし地主貴族層による議会主義的寡頭政の基礎が築かれるなど、結局折衷的な政体に収まったにすぎなかった。

イギリスの長きに渡る過酷な絶対王政が人民をして当該二度の革命を国内に惹起させたが、対外的には一七世紀初めより北アメリカで、国内の圧政を逃れた多くのイギリス移民が植民活動を活発化させ多くの植民地を設立し、一八世紀前半までに北米東海岸に一三植民地を建設していた。イギリス本国からの数々の圧政（砂糖法、印紙法、茶法など）が強まってきたが、しかしそのような「外圧」はむしろ植民・移民達の結びつきを強めることになった。いち早く結束した一三の植民地では、大陸会議が開かれ、一回目（一七七四年）に植民地の自治と自由の回復を目的に権利の宣言が発布され、二回目（七五年）には独立宣言案（基本的人権・人民主権・革命権を謳う）が採択され、そしてついにアメリカ独立革命戦争が勃興した。地政的な「特典」（本国との地理的分離）を有するこのアメリカの革命は、したがって当初より徹底しており、名誉革命の妥協にも清教徒革命の失敗にも陥らない、すなわち王政も革命的独裁をも認めないラジカルな共和主義国家を成立させた。ちなみに独立宣言を基礎に制定された合衆国憲法は、広範な地方の自治権を認めつつ中央政府にも強力な権限を与え、なおかつ徹底した三権分立を規定する、まさに民主化革命の、また後の国民（公民）国家形成の模範となった。

八九年にフランスでも、アメリカ独立革命に触発され革命が勃発したが、不利な地政的条件の下でまた幸徳の指摘した議会派中心の闘いとなり、結局イギリスの清教徒革命同様の独裁と覇権の政治へと帰趨していった。粛清の恐怖を以てする革命政権は当然、アメリカ共和制の国（公）民国家実現を予期していた民衆に見放され破綻する。それでもフランスの民衆は革命を繰り返し、一世紀近くの年を経てついに安定した共和制国家を実現させた。改めてこの長期に及ぶフランスの革命について学習しておこう。

いわゆる第一革命は、フランスの国民議会に対し、一端は「立憲議会」として認容した君主が反動勢力に唆され弾圧に転じたため、パリ市民が王政の専制支配のシンボルであったバスティーユ牢獄を襲撃し占領したことに端を発した。そしてこの市民の行動が地方の都市に拡大し、農村で反封建的な一揆が続発した。そこで議会はこの行動に応じ、秩序回復のために封建的特権の廃止を決議し、さらにアメリカ独立宣言のベースとなったルソー・ロック・モンテスキュー達の啓蒙思想に基づき、自由、平等、人民主権、三権分立、私有権の不可侵などを謳った、しかも黒人の権利を除外したアメリカの独立宣言をも超える「人権宣言」（ラファイエット）を出した。宣言に反発した君主派はパリ市民の監視下に置かれたが、立憲議会は国王との妥協を目指すフイヤン派などに牛耳られ、制限選挙法（納税額準拠）の採用や立憲君主政憲法の制定（九一年）など、妥協的保守的な政治を進める立法議会に変わった。この議会の退行は反君主共和主義運動を高めたが、同時に周辺の諸君主国家の内政干渉を強めることにもなった。

そのようななか新しく開かれた立法議会では、商工業市民を代表するジロンド派と、職人・労働者・小市民などのサンキュロット層の利益を代表する、特にルソー思想を信奉するロベスピエール主導のジャコバン派が有力となった。最初の内閣は、当初優勢であったジロンド派が組織し、かれらは議会の強い反戦論を押し退けて、あえて内政干渉の国家に宣戦した。しかし戦争は準備不足のため失敗し、外国軍の侵攻を受けることになった。そこでジャコバン派が代わって議会を掌握し、市民の自治的愛国心を高め、王権の停止を宣言すると同時に、外国連合軍を撃退させた（九二年）。さらに立法議会を掌握したジャコバン派は、改めて普通選挙に基づき国民公会を招集し、王政の廃止と共和政の樹立を決定した（九二年）。フランス革命は、こうしてジャコバン派主導により成功した。だがそれもルイ一六世の処刑（九三年）に及ぶと、王党派の反革命運動が激高し、さらに王政イギリス主導の対仏同盟（第一回：九三年）が結成され、危機的な状況に追い込まれた。革命のこの段階でなすべきことは、何よりも「人権宣言」に沿った憲法の制定とその実施であり、「反」から「脱」への民主的な転換であったが、ジャコバン派はむしろ強力な中央集権的な政策を実施し、ジロンド派の指導者達を国民公会から追放し、独裁政治を始めた。こうしてかれら革命政権は、封建制の完全な廃止や国民軍の編成と同時に、公安委員会を最高の中央行政機関にして政治・経済・軍事の一切を支配し、革命裁判所によって反革命分子を次々処刑するという、まさに人権無視の野蛮な恐怖政治に陥っていった。

だがこの段階での専制独裁の政治は、招いた内部抗争や市民の反発を抑えることができず、結局主謀者ロベスピエール達が逮捕され終わりを告げた（テルミドールの反動：九四年）。再び支配権力を掌握したジロンド派が国民公会に代って共和政憲法の下総裁政府を成立させた（九五年）が、バブーフらによる「革命独裁」理論による共産主義的「陰謀」（九六年）や王党派の攻撃に晒され政治不安が続いた。そこに付け入り再び対仏同盟（第二回：九九年）がフランス侵攻に及ぶと、それまで革命軍としてエジプトに遠征していたナポレオン＝ボナパルトが総裁政府の危機を察知し急遽本国に戻り、総裁政府を打倒し政権を掌握した。彼はジャコバン派の革命的独裁政治を継承し、速やかに強力な中央集権的な統領政府を作ると、外国軍の侵攻を食い止め、さらに覇権拡大の帝国主義政治を敢行し、領土拡大、隣国（独、プロイセン、伊、墺…）の服属・同盟化を進め、ヨーロッパ大陸を支配する大帝国を築いていった。…だがナポレオンの世界戦略も長くは続かなかった。ロシア遠征（一八一二年）の失敗を機に、にわかにヨーロッパ諸国民の反発が表面化し、再々対仏同盟（第四・五回）が結成され対仏包囲網が強まると、仏軍はしだいに衰退し、彼は政権の座から追い出された。

フランス革命とナポレオンの覇権拡大戦争で攪乱された大陸では、ヨーロッパ諸王国が保守的秩序を回復するため、ウィーン国際会議を開き、復古的・反動的なウィーン体制を樹立した（一四年）。ナポレオン失脚後のフランスでも王政復古が始まったが、革命的情熱は潰えることなく、第二、第三へと、すなわち七月革命（名誉革命類似の王の据替：三〇年）、そして王制廃止のラジカルな二月革命（第二共和政：四八年）へと、フランス革命が続発していった。してその影響がヨーロッパ諸国に伝播し、ウィーン体制をも崩壊させた。特に二月革命は、フーリエやルイ・ブランの社会主義思想により労働運動が高揚し史上初めての労働者勢力を巻き込んだ徹底した革命となり、労働者の自由・平等権を保障する共和政を誕生させた。だがその急進性ゆえに保守反動（ブルジョワ・王政）の攻勢を招き、さらに混乱に乗じてクーデターを以て再び独裁的な第二帝政（ナポレオン三世）が誕生した（五二年）。以後二〇年近く第二帝政が続いたが、しかしビスマルク主導のドイツ軍に敗北し[2]（対普戦争：七〇年）、解体とパリ開城を余儀なくされた（七一年）。そのようななかパリの民衆は再び立ち上がった。『共産党宣言』（四八年）[3]末尾の「万国のプロレタリア団結せよ！」の呼びかけに応じ、英仏労働者を中心にロンドンで結成された第一インターナショナル（国際労働者協会：六四年）の精神を受け継いだ社会主義者達の指導の下、パリの国民軍・労働者・小市民達が攻勢に転じたのである。そしてかれらは、帝政後に形成された王党派や大資本・地主を中心とした反動的で保守的なガンベッタやティエールの臨時国防政府を排除し、プロイセン軍の侵攻をも跳ね除け、そして史上初のパリ限定ではあったが、資本主義的搾取と疎外から人間解放を目指す労働者自治による社会主義革命政権（パリ・コミューン）を樹立したのだ（七一年）。

だが労働者政権と言っても実質的には革命の指導者達の多くは思想家・主義者・インテリゲンチャ達であり、したがって政府はプチ・ブルジョワ主導の革命的民主連合政権となった。そのためしだいに革命的コミューン政府内部にセクト的な対立、つまり二月革命にも参加したジャコバン派、バブーフの平等主義的革命独裁を継承するブランキ派、少数派であったが科学的社会主義を奉じる中央集権的なマルクス・エンゲルス派、さらに労働者の政治的代表権を重視する無政府主義者のバクーニン・プルードン派の間で対立が増してきた。各々が対立しながらも妥協、混淆、折衷し合い創設されたコミューン政府。かれらは人権、自由、リコール制などの革新的な民主化のスローガンを掲げたものの、結局権力争いで統合がとれなくなっていった。して革命政府のかかる混乱を突くかのように、一端はベルサイユに退いていたティエール反動「政府」がプロイセン軍と提携し逆襲に転じ、そして二ヶ月余りでコミューン政府を崩壊させた。コミューン政府崩壊の要因として、政府内部の分裂と、ティエール「政府（軍）」による追撃・謀略、フランス銀行の差し押さえ（運営や管理の統制）などによるコミューン政府（軍）の破綻、資金源の枯渇が考えられるが[4]、革命精神はコミューン失敗後も受け継がれ、その後何とか第三共和制を確立し革命の目的をほぼ達成した（七五年）。

ところでパリ・コミューンを時期尚早としつつも、「革命来」として歓迎したマルクス（エンゲルスとともに）は、『共産党宣言』の〈一八七二年ドイツ語版への序文〉（六頁）の中で、「今日この綱領は古くなっている」と振り返りつつも、自著『フランスの内乱』[5]を引用し（二重括弧）、「とくにパリ・コミューンは、『労働者階級は、たんにできあいの国家機関をにぎって、それを自分自身の目的のためにつかうことはできない』ことを証明した」と述べた。レーニンは、一九一七年に出版した『国家と革命』[6]の中で、さらにこのマルクスの述懐を、「マルクスの考えは、労働者階級は『できあいの国家機構』を粉砕しうちくだくべきであって、それをそのまま奪取するにとどまってはならない、という点にある」（五七頁）と、だめ押した。そしてさらに彼は、マルクスの「帝政の正反対物は、コミューンであった。パリ・プロレタリアートによって二月革命がはじめられた時のかの『社会共和国』の叫びは、ただ、ひとり君主制的な階級支配形態のみならずさらに階級支配そのものも廃棄すべき共和国への漠然たる願望を、表現したに過ぎなかった。コミューンは、そういう共和国の実証的な形態であったのだ」（『フランスの内乱』九四頁）という言説にフォーカスし、コミューンは粉砕された国家機構・制度を、完全な民主主義（常備軍の廃止、公務員の選挙制、解任制…）に転化させたが、さらに徹底した完全な民主主義は、原則的に異なる種類に大々的に置きかえる質的な転化、すなわちブルジョワ民主主義からプロレタリア民主主義への転化が必要であると指摘し、この充分な断行に及ばなかったことが敗因の一つとなったと述べた（六二〜四頁参照）。

しかしこのレーニンの「質的転化」が実際に遂行されたならば、おそらく民主制が破壊され、一党支配の統制社会主義（共産主義）の政治へと、つまり再びロベスピエールの恐怖政治やナポレオン帝政の独裁的専制政治を招いたであろう。くしくも彼の主導したロシア革命の末路がこの推測の正しさを証明したように。

ロシア革命とインターナショナル

革命の「充分な断行」はいかにして果たされるか。レーニンによれば、それは、統一化された「プロレタリア独裁」による共産主義革命を以て可能となる。曰く、「ここにわれわれは、国家の問題におけるマルクス主義のもっとも注目すべく最も重要な思想の一つ、すなわち『プロレタリアートの独裁』（マルクスおよびエンゲルスは、パリ・コミューン以後こう呼ぶようになった）の思想の定式化をみる…」（三九頁）と。確かにマルクスは、後に『ゴータ綱領批判』[7]の中で、「資本主義と社会主義のあいだには、…革命的転化の時期がある。この時期に照応してまた政治的な一過渡期がある。この過渡期の国家は、プロレタリアートの革命的独裁以外のなにものでもありえない」（五三頁）と断言している。とはいえ「独裁」はそもそも君主専制の属性であり、「非民主」と同義である。マルクスが長い間ブランキ派由来のその語の使用を躊躇したのもそのためでもあろう。しかしレーニンは違った。前述したように、彼はスターリンとともに独裁的前衛政党の集権制の欠如をコミューン敗北の一因と考え、パリ・コミューンの反省に従い、社会主義革命に中央集権的な「プロレタリア独裁」を前衛化させ、さらに世界革命の「教条」としたのだ。

レーニンやスターリンには、民主主義は社会主義・共産主義によっていずれ廃棄されるべき「ブルジョワ民主主義」でしかなかった。とはいえ革命の実質的な「成功」が合理的で民主的な「断絶・転換・建設」を意味するならば、革命史が実証したように、「民主」軽視の革命的独裁は、「合理」軽視の不徹底な妥協・折衷と同様、いやそれ以上に革命を「失敗」させる。事実「プロレタリア独裁」を以て遂行されたレーニン主導のロシア革命もまた、「失敗」に終わった。ロシア革命が、世界に最大のインパクトを与えた「革命」であっただけに、現代を生きる我々はその「成功」と「失敗」を、また光と影および顚末を冷静に見つめ直さなければならない。

幸徳が「革命来」を以て歓迎した一九〇五年の第一次ロシア革命は、ツァーリズム政府の血の弾圧、すなわち三〇〇〇人以上もの死傷者を出す凄惨な「血の日曜日」事件を以て始まった（一月）。この事件によって民衆の不満が一気に爆発し、労働者のストライキが急増し、ゼネストへと発展し、同時に労働者代表機関の社会民主党員達の革命的情熱が高まっていった。危機を察知したツァーリズムは、すかさず立憲政体に基づいた国会の開設を約束し、革命運動を収束させようとした。いまだ統一戦線的な協力体制を構築できていなかった革命勢力側は、この提案を見せかけの譲歩と知りつつ受け入れざるをえなかった。結果運動の衰退・保守化が避けられず、その機を狙って再びツァーリズムが反撃攻勢に転じた。社会民主党は、迫り来る反動の嵐を前にして、新たにソヴィエト（労働者代表評議会）を組織したが、反動勢力はソヴィエトの議長・副議長を逮捕するなど弾圧を強めてきた。さらに政府は革命勢力との「約束」をも反故にし、皇帝や政府の権限の強い帝国憲法を発布し、反政府的な国会を解散し、同時に選挙法を改悪するなど議会政治を形骸化させていった。このようなツァーリズムの裏切り攻勢は、当然工場労働者や農民を憤激させ、再びストライキや一揆を高揚させた。

ところで革命運動側に統一戦線が形成されなかったのは、主として社会民主党内の、メンシェヴィキ（事業家、大学教員、科学者、著述家達）とボリシェヴィキ（いわゆる革命家のレーニンやトロツキー達）との間の対立が足枷となっていたからである。前者がブルジョワとの過渡的共闘による民主化革命（人権の尊重や言論・出版の自由の実現）を重視し、後者は政治的ゼネストによる非妥協的な闘争を目指し、足並みが揃わず、統一的な行動がとれなかった。そもそも急進的分子を排除する保守的な、警察の認可と監視を受け入れる愛国的なズバートフ式労働運動に依拠し、その転換をはかる闘いを以て始まった革命運動である。ゆえに当初より限界、すなわち革命的な労働者側も、近代の諸国家が体制に関係なく植民地帝国主義化していくなかで、愛国精神を享受せざるをえない国家的事情を抱えていた。愛国主義の欺瞞と野蛮を暴いた幸徳が「戦争が、とうとうやってきた。平和の破壊が、…罪悪の横行が、やってきた」[8]と、「戦争来」を以て憤怒やり方ない思いをぶっつけた日露戦争が、ロシア革命のほぼ一年前から始まっていた。それは感動・歓迎の「革命来」とは逆の、「愛国」を促す嫌悪の事態であり、政府にとっては反政府運動の勢いを国外に逸らす口実となる。とはいえパリ・コミューンが普仏戦争を契機に進展したと同様に、ツァーリズムの専制と弾圧を受けていた革命運動側にとっては、戦争による生活難や敗戦が政権の不安定化と革命運動側の奮起を促し、むしろ追い風ともなった。

続く一七年に勃発した第二次ロシア革命もまた、一四年に始まった第一次世界大戦がトリガーとなった。第一次ロシア革命後ツァーリ政府は、労働者・農民のストライキ・一揆の頻発するなか、第一次世界大戦への参戦を余儀なくされていった。戦争は、オーストリアのセルビア宣戦に端を発し、ロシアのセルビアへの加担とドイツのオーストリア支持参戦という、パン・スラブ主義とパン・ゲルマン主義との間の対抗軸の下に、各々に列強（トルコ・英・仏・米・日……）が加わることで、しだいに戦線が拡大し、民族主義と植民地帝国主義の交錯する世界大戦へと発展していった。ドイツ軍は当初戦局を優勢に進め、ロシア軍の進撃に対して一歩も引かず長期戦となり、結果ロシア国内では物資不足となり国民生活が窮迫し、政治の混乱と政府の弱体化を招いた。一六年以降しだいにロシア国民の不満が募り、革命への気運も高まっていった。そしてついに一七年三月に第二次ロシア革命が勃発し、革命軍はツァーリ政府（ロマノフ王朝）を倒し臨時政府を樹立した。臨時政府はソヴィエトの圧倒的な支持により設立されたが、しかし実際には保守的で穏健な諸政党が政権を掌握し、なおも国内の窮状を無視し戦争の継続を目指した。そのため再び平和を願う国民の不満を買い、この機をとらえたレーニンやトロツキー達ボリシェヴィキは不戦を誓い蜂起を呼びかけ、一一月に自らが主導するボリシェヴィキ軍によって臨時政府を倒した。そしてレーニンを議長とするボリシェヴィキ中心の人民委員会議が、新しいソヴィエト政府を樹立した。

ところが、新たに国民の信任を問うために実施された憲法制定議会選挙では意外にも、幸徳が渡米中共鳴したエス・エル（社会革命党）が圧倒的な勝利を収め、ボリシェヴィキが少数派にとどまった。にもかかわらずボリシェヴィキ主導の中央委員会は、翌年一月にこの新議会を閉鎖し、『国家と革命』の中でレーニン自身が再三非難したエス・エルとメンシェヴィキを次々とソヴィエト政権から排除し、さらに人民代表制を否定し、ボリシェヴィキの一党独裁制を敷いた。かくして政権を独占したボリシェヴィキ・ソヴィエト政府は、速やかに国民との約束（不戦）を果たすため、また何よりも自らの政権を固めるために、世界のすべての交戦国に無併合・無賠償・民族自決の原則による講和を呼びかけ、しかし主敵国ドイツとは過酷な条件（領土割譲・賠償金他）を呑み、同年三月にブレスト＝リトフスク講和条約を結んだ。ところが九月に当のドイツで皇帝政府軍が米軍の来援を得た連合軍の反撃で崩壊し、翌月暫定政府がアメリカに休戦を申し入れていたそのさなかの一一月四日に水兵の暴動が起きた。それがドイツ各地に労働者の革命へと発展し、結局ドイツ皇帝が国外に亡命し、新たにドイツ社会民主党を中心とした共和政の臨時政府が誕生し、当該講和条約が廃棄された。そうして正式に共和国となったドイツは、同月一一日に皇帝政府に代って連合国の休戦条約に調印し大戦を終結に導いた。

一八年にロシア国内の政治権力の一切を掌握したボリシェヴィキは、自らをロシア共産党と改称し、中央集権体制の下に赤軍を創設し、大企業の国有化、地主土地の没収と農民への分配、国家と教会の分離など社会主義政策を推進し、新憲法の制定を以てソヴィエト連邦共和国とした。だがすべてスムーズにいったわけではない。先の対独講和条約が廃棄されたが、独・英・仏の帝国主義軍のシベリア方面への侵入、また政権に対する旧軍隊の反革命軍（白軍）からの反撃が続き、さらにかかる反革命を支援するその他の米・加・日の帝国主義軍による「シベリア出兵」が発生するに及び、政府は赤軍を強化し、中小企業の国有化、穀物強制徴発、食糧配給を行うなど戦時共産主義の政策へと政治・経済をシフトさせ、国民の引き締めをはかった。してこの努力により、二〇年末には内乱と内政干渉がおおむね止んだ（ただし日本軍の干渉のみ二二年まで続行）。多くの外圧を受け、なおも経済の窮状が続いたが、それでも共産党政権は国内の安定化に努め、また世界各国の社会主義政党や共産党さらには革命運動を支援し、共産主義勢力の統一的な協力機関として、一九年に第三インターナショナル（共産主義インター）：コミンテルンをモスクワで創設した。

改めてインターナショナルとは、前述の第一インターナショナルを皮切りに、各国労働者の運動が国際的に連携し合う目的で形成された世界組織である。第一インターナショナルは、各々政府の弾圧や内部のセクト主義的な対立そしてパリ・コミューンでの失敗などが重なり解散した（一八七六年）が、その後帝国主義列強による国際的軋轢が強まり、世界戦争への危機が高まるなか、帝国主義や軍国主義に反対し、ドイツ社会民主党を中心にいわゆる第二インターナショナルがパリの国際社会主義者会議で結成された（八九年）。当初ドイツ社会民主党をはじめ各々国家の社会主義諸政党が「非戦」を掲げていたが、結局第一次世界大戦の勃発とともに政府への戦争協力へと転じ、自然消滅に至った。なおコミンテルンは、ロシア共産党の「世界共産化」の一元的な国際的戦術の下に、これまでのインターナショナルをグレードアップさせると同時に、質的に大きく変化させていった。

二二年にロシアがソヴィエト社会主義共和国連邦：ソ連となると、コミンテルンは各国社会主義諸政党の運動や反ファシズム闘争を支援し、またロシアの革命や共産主義イデオロギーの輸出をはかり、ドイツやポーランド、ハンガリー、フィンランドなどの革命運動や独立運動に火をつけ、また日本をはじめ、中国、インドネシア、インドシナなどで共産党の設立を促した。この動向が人民労働者の解放に結びつくかぎり歓迎すべき出来事であったが、しかしソ連をモデルとした党や運動の「輸入」は、諸国家の前途に暗い影を落とした。というのも当時すでにロシア国内では一党独裁による影の部分（失敗）が深刻な事態を招いていた。それは二四年のレーニンの死去後のスターリン政権下でおぞましい相貌を以て現れた。スターリンは、あくまでも世界革命を主張するトロツキーを失脚させ権力を一手に掌握すると（党独裁から個人独裁へ）、一国社会主義を唱え、中央集権体制の下に計画経済を進めると同時に、恐怖の異・反分子の大量粛清を行っていった。

幸徳と同年生まれといわれるローザ・ルクセンブルクは、同志とともに第一次ロシア革命運動に加わり、さらに一七年の三（ロシア暦：二）月から一一（一〇）月にかけて再び生起した第二次革命の全過程にも獄中から関わった。彼女は一次から二次への革命を継続・発展とみなし、獄中からの四月付の手紙で、ロシア革命を、「生命の霊薬」「救世の福音」となり全世界を救済するとまで評価し、歓迎した。[9] また革命を主導するボリシェヴィキに対しても、『ロシア革命論』[10]の中で彼女は「ボリシェヴィキの路線こそは、民主主義を救い、革命を前進させることができる唯一の戦術を最初から宣言し、それを首尾一貫して徹底的におし進めた点で、歴史的な功績を負うべきものである」（一一二頁）と讃えた。しかし「革命来」に対するこのような手放しの歓迎や好評価も、二次革命の一一月以降の、集団化政策をはじめ、レーニン主導のボリシェヴィキによる同志諸党員達の追放・排除、一党独裁政府の樹立に至る一連の行動に対しては、ローザは同書で「トロツキーやレーニンが発見した民主主義一般の除去という政治政策は、それが抑えるはずの悪よりもいっそう悪い。それはあらゆる社会的制度につきものの欠陥を正すことのできる唯一のものである生々とした泉を、より広汎な人民大衆の積極的な、自由な、精力的な政治生活を殺してしまうからである」と、痛烈に批判した（三六頁）。革命を行うのは、かれら「前衛党に結集する少数の先進的なものたち」ではなく、「広汎な民衆たち」だ、ということ。

第一次ロシア革命のときのレーニンには、民主主義に対するある程度の「配慮」があった。「ただ一つの可能な方法によって、ただ一つの正しい道、つまり民主共和制という道をとおって、社会主義的変革への第一歩を踏みだしているのだと、……政治的民主主義（民主共和制）以外の道を通って社会主義に進もうとする人は、かならず、経済的な意味でも社会的な意味でも、ばかげた反動的な結論に達するようになる」[11]、それゆえに彼は当初は、幸徳やローザと同様、「社会民主党」の綱領を重視した。しかしローザも批判したように、レーニンは戦時下とはいえ、後に「もう一つの戦術」に固執し、クロムウェルからジャコバン派、バブーフおよびブランキ派系譜の「革命独裁・中央集権」の政治へと傾斜し、そうしてスターリンの独裁へと帰結していった。

ローザと幸徳

帝国主義について、我々はすでに古いタイプの領土拡大の膨張主義的・覇権主義的な帝国主義と、「近世帝国」タイプの金融植民地帝国主義の存在を学び、そして後者は前者をベースに成立していることを理解した。レーニンは後者のタイプの帝国主義を強調しその詳細な分析に及んだが、特に専制・独裁者達がもっぱら目指す前者の古いタイプの帝国主義について等閑に付した。その結果自国家が、社会（共産）主義の新しい衣装をまとい旧帝国へと舞い戻っていくリスクを見落してしまった。自覚の喪失かあるいは故意の隠蔽か、戦時ゆえに外部からの圧力があったとしても、少なくとも自らが批判する対象に自らが陥るアイロニーの罠に対して自覚的であるべきであった。

専制・独裁の国家は、おおむね他国との対等な関係を拒否し、「他者」を束縛し同化し支配し従属させることを「使命」とする。ゆえにそこでは分権ではなく中央集権が、主権平等でなく覇権拡大が国家の目標となる。もとよりいかなる国民国家であっても、国家であるかぎり国家主義および帝国主義への誘惑から逃れられない。なるほど国家主権が人権や分権を尊重する民主的なシステムを作動させるかぎりかかる誘惑は抑制されるが、だがそのような抑制装置の存在しないあるいは機能しない、専制・独裁（党・個人）国家にあっては、この「良識」は通用しない。かくしてソ連は、植民地帝国主義勢力の「自省」の間隙を縫って、古いタイプの帝国主義を前面化させ、いかなる民主化革命をも打ち砕く強力な覇権帝国を構築した。マルクス・エンゲルスは社会主義国家をいずれ死滅に至る過渡的な存在ととらえたが、むしろ実相は真逆で、社会主義覇権帝国ソ連は、第一次大戦後には、ますます帝国主義を前面化させていく（詳細後述）。

プルードン、バクーニン、クロポトキンの無政府主義者達そして幸徳秋水は、この国家の覇権的属性に対する自覚あればこそ、国家政府の「無化」を訴えた。とはいえそれは、世界が諸国家によって成り立っているかぎり、たんなる夢想や幻想にすぎない。この宿命性の理解に乏しいと、一部の無政府主義者のように自らがテロリストになるか、またクロポトキンのように自国の覇権戦争を支持するというアイロニックな罠に陥る。幸徳秋水はクロポトキンの思想に魅かれたが、しかし幸徳の思想的「神髄」は反・帝国主義にあり、したがってクロポトキンのように帝国主義戦争に参戦する政権を支持することはない。幸徳が無政府主義を主唱したのは、彼の民主化の理念によれば、当時の世界列強や明治維新政府の帝国主義は否定と抵抗の対象でしかなかったからだ。彼が欲したのは非戦・平和であり、そして自らがアメリカ西海岸で体験し学んだ「平等」と「自由」であった。ゆえに専制・覇権化していく明治維新政府は「無化」「超出」の対象でしかなかった。もとより彼は、運動主体側の反省をも怠らない。彼自身どの程度認知し自覚していたかは定かではないが、少なくともマルクス・レーニン主義の中央集権的な「プロレタリア独裁」を回避する必要性を感じていた。「無政府主義」は観念的ではあるが、そのための最大公約数的な、最後に残された手持ちカードであった。彼の思想の根底にはつねに「世界人民」と「民主化」の理念がはたらいていたのである。

ローザも幸徳同様、ケースが異なるが「テロ」によって斃れた（一九年）。ただし彼女は、幸徳の知ることのできなかった第二次ロシア革命の成功と失敗の顚末を獄中から知ることができた。そして前述したように、各々の原因とあるべき革命のシナリオを民主主義的理念に基づき明らかにした。彼女は同志でもあったレーニンの「プロレタリア独裁」によるボリシェヴィキの政権奪取を成功とみなしたが、他方後の彼の排除と専制の政治を失敗として徹底的に批判した。仮にローザと民主化の理念を共有する幸徳が、第二次ロシア革命の顚末やソヴィエト政権さらにはドイツ革命をも知ることができたとしたら、彼女と類似の政治的スタンスをとったであろう。とはいえ両者の間の、特に「プロレタリア独裁」にも関わる運動組織に対する理解の差異もあり、もし両者が知己であったならば、お互いが自らの思想を、つまり幸徳はローザの革命のシナリオについて、またローザは幸徳の非中央集権的な思想について学び、新たな「プロレタリア独裁」なき持続的な民主化革命理論を構築し、各々の思想をグレードアップさせることができたかもしれない。幸徳は同時代人のレーニン、そして誰よりもローザの存在や思想についておそらくよく知らなかった。だがローザと幸徳両者の革命思想の根底には、民主化の理念のみならず、マルクス思想においてなお遺残するキリスト教の形式的かつ原則的な解釈を払拭するリアルな唯物思想が横たわっており、二〇世紀初頭に東西の隔たりを越えて、両者の思想と魂が共鳴し合う充分な根拠があった。

ちなみに幸徳は帝国主義戦争を「野獣・野蛮」「縄張り争い」という唯物的かつ倫理的な観点からとらえ、さらに死刑を覚悟した獄中で、『基督抹殺論』を脱稿し、その自序に、「わが国の学者・論者にして、キリストおよびキリスト教の研究にしたがう者が多いけれども、わたくしの知るかぎりにおいては、まだ史的人物としてのキリストの存在を否認し、十字架が生殖器の表号の変形であることを論断したものがあるのを聞かない」とまで述べた。[12] 兆民由来のリアルな唯物論である。してこの観点は、モルガンの『古代社会』[13]の中の、「自由、平等および友愛」というキリスト教的な文言に対する、たとえば「（その文言）が、…たとえ形式化されなかったとしても、氏族の根本的原則であった。これらの事実は、氏族が社会的および政治的組織の単位であったが故に、すなわちインディアン社会が組織されている基礎であったが故に、重要である」（上：一一三頁）という述懐をめぐる、マルクス評に対するローザの批判にも認められる。

マルクスはこのモルガンの言説に対して、民族学に関する抜粋ノートに「人類は古代の氏族社会において長期にわたって本質的に民主的に暮らし、階級も国家も知らなかったことに「救い」（資本主義制度克服のカギ）を見出し、…氏族のすべての成員は、人格的に自由であり、相互に自由を守りあう義務を負っていた。…自由、平等、友愛は、…氏族の根本的原理であった。…独立精神と人格的尊厳が至るところでインディアンの性格の特徴をなしている。[14]」と述べ、人格的尊厳なるレトリックを以て、キリスト教的な着色（形式化）を施した。このマルクスの着色に対し、ローザは『経済学入門[15]』の中で、「原始共産主義社会は、すべての人間にあてはまる一般的原理をまったく知らなかった。この原始共産主義社会の平等と連帯性とは、共同の血縁から、そして生産手段の共同の所有から、生じた」（二三五頁）のであり、したがってお互いが各々共同体の「範囲」および「限界」の外にあったものとは無縁であり、生産の低さゆえにお互いの衝突、戦争、絶滅、搾取関係の確立が避けられなかったと述べ、そして「原始共産主義の根底にあったものは、平等と自由という抽象的な原則への献身ではなく、人間文化の低い発展の、外的な自然にたいする人間の無力の、鉄の必然性だったのであって、この必然性が人間に、比較的大きな団体における強固な結合と、労働および生存競争における計画的集合的行動とを、絶対的な生存条件として押しつけたのである。」（二三六頁）とリアルにとらえた。そこにはマルクスの言説になおも残存するキリスト教の使徒的「献身」を無化する、冷静なローザの分析と観点が認められる。

とはいえローザは、たとえば拡大再生産論・帝国主義論に関連して、自著『資本蓄積論』[16]において、マルクスの労資支配の一般的な資本主義生産様式内での蓄積過程論を批判しつつも、初期の植民地主義の野蛮な掠奪に根ざしたマルクスの本源的蓄積論[17]を継承していた。また彼女は、ジャコバン・ブランキストタイプの「超中央集権主義」がレーニン主義にも及ぶ革命的独裁を批判したが、マルクス、エンゲルス、レーニンの唯物史観を、さらにモーガンの進歩史観を継承していた。いずれにせよキリスト教由来の神的歴史観やダーウィン由来の科学的進化論・唯物的進化思想の支配する近代西欧のパラダイムおよびエピステーメにおいて思惟されていたのだ。つまりそれは、マルクス・エンゲルスの「原始共産主義社会→奴隷制社会→封建社会→資本主義社会→社会主義社会→共産主義理想社会」という唯物史観の、他方モーガンの、福沢諭吉類似の（野蛮→未開→文明）の進歩主義的文化人類学の定式であり、いずれ「功罪」をはらむ、近現代西洋の啓蒙主義、科学主義、社会主義の主要な解釈でもあった。

ただ民主化の思想としては、モーガンの進化思想は重要な観点を有していた。それは、彼の財産の要素に基づいた支配社会の変遷すなわち「専制政治、帝国主義、君主制、特権階級、そして最後に民主的代議政治」の文明社会の進化思想に、さらに主権国家の平等を踏まえつつ「民主主義の原則の中で教育され、人類の自由と平等と博愛を認めるかの偉大なる諸概念の威厳と荘厳を深く心に銘じたアメリカ人は、自治および自由な制度の選択を率直に表明するであろう」という、アメリカ自国民の独立革命精神を称揚している（前掲書下：九八〜九頁参照）言説に窺えよう。ローザはこのモーガンの民主化思想を重視していたため、革命に対する献身的使徒的な「思い込み」や教条性から自由であった、と思われる。

とはいえローザには、幸徳のような無政府的かつ東洋思想的な観点がなかったために、「氏族」由来にせよキリスト教由来にせよ、結局前述したようにマルクス・エンゲルス・レーニンの唯物史観の踏襲が、彼女の思想と行動を制約した。つまり幸徳は「無政府共産」や無政府主義的社会主義を掲げることで、マルクス・エンゲルス・レーニン主義の思想的定式や教条からは自由であったが、ローザはかれらの前衛的「プロレタリア独裁」や国家死滅に至る「歴史的必然」の教本から完全には自由ではなかった。前章で、第一次大戦後ドイツで革命が生起し共和国が成立したことについて述べたが、その際にエーベルト達の社会民主党を主体とした臨時政府が、共和国を成立させるために、革命を第二次ロシア革命に倣い社会主義革命へと徹底しようとしていたローザ達の共産主義政党（スパルタクスブント）の運動を鎮圧し、新たに国民選挙を介して国民議会（憲法制定議会）を開き憲法を成立させた（一九一九年）。ローザの、かかる「鎮圧」に対する非難は当然としても、また彼女に向けられたテロは断じて許しがたき行為であったが、それでもレーニンの独裁的手法を批判しながらも、「プロレタリア前衛」による共産主義革命の必然に邁進した彼女の言動は、果たして適切な判断に基づいた至当な行動であっただろうか。

近代西欧の、一連の進歩主義的パラダイムに対し、二〇世紀後半には、構造主義やポスト構造主義、とりわけ「脱構築」の思想が隆盛を極め、ルソー以来の自然主義や進化・進歩主義が批判の的となり、そしてマルクス・レーニン主義的な教条が「解体」を余儀なくされた。同時に進歩主義的な定式に組み込まれた、モーガンの『古代社会』もまた批判に晒されることになった。[18] 確かにモーガンの進歩主義的な定義や図式からは、国家や文明に潜むグローバルな「野蛮」が見えてこない。とはいえそれでも彼の人類の自由・平等の根差した「無政府共産」的な民主社会に信頼を寄せる言説は、ローザの好意的な注釈とともに、貴重なエポックとなっている。

ローザ、幸徳とも清教徒革命以来の革命の不徹底が妥協・折衷を、またその「徹底」が独裁・覇権そして反動を招くという、かかるジレンマからの脱却を目指した点では、両者とも革命の「罠」や「限界」を打破する、まさに画期的な視座を提供したと言えよう。とりわけローザは、フランス革命のロベスピエール達が主導した恐怖政治の衝撃を描いた『神々は渇く』（アナトール・フランス）の作品を推奨したように、[19] 彼女はあくまでも革命における非暴力的かつ民主的手段を重視した。とはいえ彼女がボリシェヴィキのプロレタリア独裁の理念に依拠するかぎり、レーニン張りの暴力的な「排除と拘束」が避けられない。そもそも現代では死語に近い「プロレタリア」と「ブルジョワ」。両者の線引き自体、すでに金融資本主義を発達させていた当時のドイツ社会においても無効ではなかったか。彼女が大衆性を主張し、なおかつ複数政党制を認容するのであれば、「プロレタリア（実質社会主義インテリ）」が国家主権を独占し合い、結果権力闘争に及ぶ状況を避けるべきであったろう。

ローザにとっても、ドイツ革命の、非生産的で専制的な君主制を排除した段階での国民議会による憲法すなわち民主的なヴァイマル憲法の制定は、妥当な選択ではなかったか。ヴァイマル憲法は、国民主権、普選（二〇歳以上の男女）、大統領（任期七年）の直接国民投票、国会の権限強化、労働者の利益擁護政策など、当時史上最も民主的な憲法とみなされた。したがってローザのスパルタクスブントもまた、「国民国家」の丸ごと否定ではなく、したがって「蜂起」ではなく先ずは選挙への参加と「国家主権」の民主化の徹底・推進を以て臨むべきではなかったか。というのも当該憲法が民主的ではあったが、大統領に非常権限の行使を認めるなど、全体主義に陥るリスクをはらんでいたからだ。革命後の共和政権が、ヴェルサイユ条約で領土削減や過重な賠償金支払いなど課せられ、さらに当時の経済恐慌が追い打ちをかけ、経済的疲弊が進み、破綻の危機にあった。そこにウルトラ国家主義を鼓吹する国家社会主義ドイツ労働者党（ナチス）の党首ヒトラーがつけ込んだ。彼は、緊急権に依拠した大統領内閣を誕生させ、さらに全権委任法を成立させ、独裁的な中央集権体制を構築していった。

ローザは、国際社会主義運動、階級的自決、世界革命、住民自治を重視したが、ブルジョワジーの産物でしかない国民国家、民族自決、さらに軍縮・国際連盟に冷淡であった。[20] 彼女には「国家死滅」の理念が先行し、国家の自立と相互性の関係が充分把握できていなかったためであろう。それゆえローザは、後の大戦で帝国主義化したソ連国家が、生国ポーランドの領土分割に加わり「野蛮な悲劇」をもたらすなどといった、まさに転倒した現実を想像すらできなかったであろう。この点に関しては、幸徳同様両者とも運動主体組織の民主化に自覚的であったが、民族や国家の独立に熱心ではなかった点にも窺える。しかしいずれも世界（国際）性を重視しているかぎり、特にローザはアメリカの建国精神の刻印された「国際連盟」（二〇年）などの国際機関やＮＧＯ（非政府組織：起源は第一次大戦にあり、命名は第二次大戦後の国連による）の形成・活動にもっと自覚的であるべきであった。彼女の民主主義は、「プロレタリア」集団・組織限定であったために、主権国家の独立と国家主権の民主化という課題がオミットされてしまった。その最大の原因は、幸徳同様有機的個体としての、同時に法人としての国家（国家主権に基づく主権国家）に対する理解が希薄だったことにあろう。

アジア侵略と社会主義の迷走

ローザの批判を無視し独裁・専制的なソヴィエト社会主義政権を樹立したレーニンであったが、それでも当初は真面目に「世界革命」および社会主義インターの構築を目指していた。しかし第一次大戦が政権を国家主義化させ、国家統制社会（共産）主義へと収斂させていくなかで、インターは復古的な帝国主義の出先機関となっていった。

いかなる政権も国家主権の民主化を担保しておかないかぎり、この「宿命」から抜け出せない。繰り返すが、ロシア革命の「失敗」の最大の原因は、もっぱらレーニンが「…帝国主義とは資本主義の独占段階のこと」[21]と局限させ、そのベースにある「革命的独裁・世界革命」に潜む「古いタイプ」の帝国主義に無自覚であったことによる。そうしてボリシェヴィキ政権ソ連自らがかつて批判の対象としてきた帝国主義の怪物になり、第二次大戦へと向っていった。当時の、このパラドキシカルなロシアの現実は、しかし社会主義の迷走する戦前日本の現実でもあった。

大逆事件を以て無政府社会主義運動の鎮圧に「成功」した明治政府は、明治天皇の死去（一二年七月）後も、国家主義政策により国内統制を強め、日本自らが帝国主義の怪物になっていった。当初の国内の政局は、それでも武断的で覇権主義的な強硬派と、庶民的にして穏健なしかし帝国主義的でもある保守派、さらに民族自決を尊重する保守和平派を中心に、藩閥官僚政治勢力や政党政治を重視する民党勢力、さらにそれに無産政党勢力が加わりまさに混成状態にあり、一気に軍政（ファシズム）国家を形成する状況にはなかった。一二年には、軍備拡張を主張した桂太郎内閣が、犬養毅（一八五五～一九三二）や尾崎行雄（一八五八～一九五四）が中心となり大キャンペーンを張った第一次護憲運動によって、倒された。しかし一四年に第一次大戦が勃発すると、しだいに国家主義体制が強化され、保・革一体となりアジア侵略を目指していく。先ず大戦の開始とともに、大隈内閣はこの機を逸しまいと日英同盟を口実にドイツに宣戦布告し、皇軍を山東半島に上陸させ青島と膠済鉄道全線を、さらに独領南洋諸島を占領した。そして翌一五年に中国に対して二一か条要求[22]を突きつけ、遼東半島南部の租借権を獲得した。続く寺内内閣は中国における日本の特殊権益を承認させるなど、中国全体を日本の保護国（実質的には植民地）にすべく働きかけた。一八年には、原敬（一八五六～一九二一）が民衆の力により史上初の「平民宰相」となったが、政府の対中国・対朝鮮の侵略政策を継承し、また前述のシベリア出兵（徴兵：日米共同出兵）を決定するなど、その政治スタイルは政略的で帝国主義的であった。一九年にパリ講和会議が開催されると、原内閣は民族自決主義を建前としたベェルサイユ条約に調印するも、米国などの反対意見を押し切り中国山東省のドイツ権益の譲渡を認めさせ、旅順に関東軍司令部を置くなど帝国主義的なスタンスを崩さなかった。

しかしシベリア出兵がソ連軍の猛攻により後退し（二二年撤兵）、さらに中国と朝鮮でも反日感情が高まり独立運動が激しさを増していった。中国では学生達が「二一か条要求の破棄・パリ講和条約調印反対」を叫び大デモ行進を起こし、それが全国各地に帝国主義反対・軍閥打倒の運動へと発展していった（五・四運動）。また韓国併合（一〇年）以来日本の支配下に置かれていた朝鮮でも、民族自決主義やロシア革命に触発され、ソウルの学生による万歳事件をきっかけに、間島地方、ロシアの沿岸州、上海、アメリカにも及ぶ広範ないわゆる三・一朝鮮独立運動が惹起された。それでもこの朝鮮「動乱」に対し、原は、民族自決は空説などと無視し、かれらの運動を皇軍によって鎮圧した[23]。原は石井・ランシング協定（一七年）を受けて強国米国とのみ協調していたが、しかし世界の国際協調路線をも無視できず、また国際的なプレゼンスを高めるためにも、二〇年に国際連盟に加入した。そして二一年から二二年にかけて原をはじめ、大隈、山県と政界の覇権主義的な重鎮が相次いで死去し、その間ワシントン会議が開かれ、海軍軍備縮小をはじめ、日英同盟を無効（廃棄）にする四か国（米・英・日・仏）条約、さらに中国の主権尊重、領土保全、機会均等、門戸開放を定めた九か国（全参加国）条約が結ばれると、日本帝国主義によるアジア侵略に大きなブレーキがかかった。しかしこの米・英主導のワシントン国際協調体制に対しては、日本政府はむしろポジティヴにとらえ、二四年から三一年にかけて幣原喜重郎（一八七二〜一九五一）の外交を中心に軍縮や対中内政不干渉政策を進め、他方山東半島からの日本軍の撤兵に譲歩していった（二九年）。

そのようななか国内では帝国主義的な気運が一旦和らぎ、大戦後の経済的好況をも背景に、藩閥政治や軍備拡張に反対し、吉野作造（一八七八〜一九三三）による民本主義[24]をはじめ、政治、教育、労働などの分野で民主化を推進する運動が高まり、日本社会がいわゆる大正デモクラシーに沸いた。特に政治的な運動では、二〇年に大規模な普選運動が、また二二年にはマスコミによる普選実現キャンペーンによる国民運動が繰り広げられた。そしてこの気運にのって、二四年に護憲三派（憲政会、政友会、革新倶楽部）による第二次護憲運動が起こり、三派連合の加藤高明内閣が誕生し、二五年の議会でついに普選が成立した。[25]共和的な国際協調に連動したこのような国内の民主的な動向は、しかし表面的なものでしかなかった。大正デモクラシー出現の背後に、実はすでに武断的な政府・軍部・右翼を中心とした軍政国家形成を目指す動向が強まっていたのだ。一七～八年に小磯国昭（一八八〇～一九五〇）や田中義一（一八六四～一九二九）を中心に、国体の精華の宣揚と「臣民」育成のため『社会的国民教育』や『臨時教育会議』および『軍需工業動員法』などが推進・施行され、二二年には、原の後を引き継いだ高橋是清（一八五四～一九三六）の内閣が、過激社会運動取締法案を成立させた。さらに二五年に加藤内閣は普選を成立させた同じ議会で、治安警察法を凌ぐ民政史上最悪の治安維持法[26]を成立させたのである。結局見かけ民主的な普選が治安維持法成立のためのダミーとなり、総動員体制構築のための国民統合のための「装置」となった。そして二七年に満蒙問題が発生すると、政府の中国政策に不満を持ち、ひたすら「満蒙領有」を目指す民間右翼や軍部内部の動きが活発化し、三一年の満州事変へと連なっていった。

ところで平民社を中心に始まった日本の社会（民主）主義運動は、前述したように、当局の苛酷な弾圧により分裂と衰退を余儀なくされ、大逆事件によって息の根を止められた。以後キリスト教社会主義者達は宗教活動へ戻り、議会主義と組合主義を掲げる片山は、ロシア革命の本拠地モスクワへと流れていった。一方幸徳亡き後の無政府主義的社会主義運動は、赤旗事件で入獄し大逆事件での逮捕・死刑を免れた堺、山川、荒畑、大杉など、いわゆる唯物論派達によって受け継がれていった。また平民社のシンパであり続けた北一輝は、自らも嫌疑をかけられた大逆事件以降平民社から離れ、伊藤博文のアジア侵略にも加担した内田良平（一八七四〜一九三七）の右翼団体黒竜会に身を寄せ、後に中国に渡り、民族独立運動に参加していった。かくして国内での反体制的な運動は影を潜めていった。ただそれでも一二年にロシアのズバードフ式類似の組織「友愛会」が結成され「緩やか」な労働組合運動が起こった。一九年にはそれが大日本労働総同盟友愛会と改称され（二一年には日本労働総同盟となる）、そして二〇年五月二日に上野公園で同盟主催の実質日本最初のメーデーが開かれた。幸徳の側近でもあった堺は、このメーデーに触発され、同年一二月に大杉や労働組合の指導者達とともに、再び社会主義同盟を立ち上げた。が案の定翌年には政府により解散命令が下された。

議会主義的な護憲運動は絶対天皇制帝国憲法の下でのまた帝国主義国家内の運動ゆえに政府の許容範囲にあったが、反体制的な社会主義者達による結社や運動はもっぱら弾圧の対象となった。それでも不屈の精神を以て二二年に、幸徳の思想を最も忠実に継承する堺・山川・荒畑達が中心になり、改めてマルクス・エンゲルスの科学的社会主義を掲げ非合法の共産党を密かに立ち上げた。当時かれらはマルクス‐レーニン主義の「プロレタリア独裁」の思想をよく知らなかったが、それでもその「専制主義」を感知し、党の綱領には、創立直後に山川が「無産階級運動の方向転換」（山川イズム）を発表したように、反〈中央集権—前衛〉論および直接行動論の、幸徳の無産階級的自由連合論に基づいた思想と運動を基調とした。だがいずれにせよ急進的な無産階級運動に対する当局の監視は目ざとく、かれらはスパイの偵察を通じて二三年に共産党検挙事件を画策し、大逆事件以来の多くの同志を逮捕検挙し、翌年、創設されたばかりの共産党を解党に追い込んだ。また社会主義同盟以来堺達と袂を分けていた大杉は、共産党とは別にアナーキスト系の自由連合同盟結成集会を開いたが、関東大震災（二三年）に遭遇し結成できず、震災のどさくさの中で憲兵（甘粕）によって惨殺された。ボリシェヴィキに対し激しい批判を投げかけていた大杉でもあったが、彼の死去以降はアナーキズムの勢力は衰退の道を辿った。[27]なお震災は、大杉殺害事件のみならず、一般国民による朝鮮人大虐殺事件をもたらした。韓国併合による朝鮮人差別意識がデマによって日本国民を一気に阿修羅にしたのだ。

ところで共産党解党後荒畑は、徳田球一（一八九四～一九五三）達とともに残務処理機関の事務局を拠点に党再建を目論んでいた。そんなかれらに、前述の、二五年にすでにコミンテルの執行委員会の幹部会員となっていた片山潜から、党再建の指示（上海テーゼ）が下り、事務局は改めてその意を強くした。しかし堺と山川は、解党決議をきっかけに、そしてロシア共産党お墨付きの再建に反対し、皮肉にも自ら創設した共産党を去り、再建にも加わらなかった。さらに後を追うかのように、一旦は解党意見に反対し再建を主張していた荒畑も脱党した。二六年に福本和夫（一八九四～一九八三）が山川イズムを批判し、教条主義的な左派理論の純化（福本イズム）を唱え、それが秘密裏の共産党再建の指導理論となったため、荒畑はボリシェヴィキ主導の中央集権的な政党へとシフトしていく共産党に見切りをつけたのである。そして再び彼は堺・山川達と合流し、新たに三人は、幸徳思想の流れをくむ労農派を結成し、コミンテルン支部日本共産党に対し、労農派マルクス主義者を中心とした社会民主主義左派を形成していった。以後この両派が中心となり反体制的な社会主義運動が展開され、二〇年代後半から三〇年代後半にかけての、満州事変から日中戦争に至る政府の帝国主義および軍国主義に真っ向から対抗していった。しかし総動員体制のなかで反戦・反体制を貫く社会主義・共産主義者達には、逮捕か変節かの途しか残されなかった。

二三年以降友愛会の後身日本労働総同盟は、普選実施を見越して選挙・議会活動へとシフトし活発化していく右派と、政治闘争を重視し主張する左派とが対立し、二五年の普選成立を契機に分裂が始まり、しだいに衰退していった。同年左派を中心に無産勢力による農民労働党が結成されたが、当局(加藤高明内閣)が禁止命令を出すと、党内で「排除」「乗っ取り」「離脱」などが発生し、結局破綻していった。しかしそれでも二六年には非合法の共産党の方針を代行する労農党、元平民社の安部磯雄を委員長とした右派系の社会民衆党、そして麻生久(一八九一～一九四〇)を中心とした中間派的な日本労農党(山川イズムに親和的な勢力も存在)の、三派の党組織が形成された。各々無産党に対し当局の監視と鑑別が作動したが、その目的は「反体制的」即禁止、「体制内的」漸次吸収にあった。ちなみに左派系の党組織や団体は前者に相当する。早速当局は治安維持法により、二八年に共産党、労農党および急進的な反体制的な集団、プロレタリア文化団体などの関連団体に手入し、社会主義・共産主義者達を一斉検挙し(三・一五事件)、さらに翌年にはダメ押しを行い反体制的な分子や組織を壊滅状態に追い込んだ。他方後者の右派系の党や活動家達に対しては、当局は弾圧と懐柔、牽引や吸収の策を弄し、そうして社会主義諸派は迷走の途を辿っていった。

総同盟の右派系活動家により結党された社会民衆党は、当初は議会や組合活動を中心とした社会民主主義右派を形成していたが、三一年には満州事変を支持し、三二年には赤松克麿（一八九四〜一九五五）一派が国家社会主義を唱えるなど（後に離党）、体制翼賛に傾いていった。それでも当初「反共産」と同時に反資本主義・反ファシズムを掲げ、社会民主主義左派を形成していた日本労農党は、二八年に日本農民党や労農派の山川や堺および鈴木茂三郎（一八九三〜一九七〇）達により創設されたばかりの無産大衆党他全七党を結集し、日本大衆党を形成していった。しかしその直後に党の主導的役割を担っていた麻生が労農派一派を除名し、自らが田中義一や軍部に接近していった。後に本党は全国大衆党（三〇年）や社会民衆党と結びつき社会大衆党となった（三二年）が、安部委員長・麻生書記長という、議会活動中心の党体制は、以後翼賛的かつ帝国主義的な体質を露わにしていった。

ところで幸徳の思想と魂を受け継いだ労農派の人達は、当局の弾圧のみならず党組織からの排除という圧力をも受けながら、なおも運動の潰滅と翼賛という事態を避け、三七年には当時のコミンテルンにも呼応し、日本での反ファシズム統一戦線の結成を企てた。[28]その意義は大きかったが、当時植民地帝国主義と軍国主義が日本国内を席巻し、すべての抵抗をも無化する勢いを見せ、他方共産党との思想的、政治的なタイアップも上手くいかず、結局実を結ばなかった。そもそもコミンテルン支部・日本共産党と労農派との間には、根本的な見解の相異があった。それは、「前著」（一九三〜四頁）でも述べたが、前者が二七年テーゼから三二年テーゼに、また日本資本主義論争（三二 - 七年）では講座派の考えに沿っており、外在的ではあったが「天皇制」を「封建制の残滓」「革命の主要な敵」として明確に規定しブルジョワ民主主義革命の必要性を強調し、後の「プロレタリア独裁」による社会主義革命への過渡的な段階とみなした。対し後者は明治維新をブルジョワ民主主義革命と見立て、世界資本主義的な観点を重視し、「反帝」「反ファシズム」「労働者の直接行動・解放」を中心とした革命運動の必要性を説いた。双方嚙み合わなかったが、しかし最大の問題は、いずれも民主主義革命を重視しながらも、結果的にフランスの革命のような、明治維新革命以後の第二、第三の「民主化革命」という綱領を持っていなかった点にあった。前者が二段階説や「プロレタリア独裁」という前衛論に拘り、また後者は天皇制を明確に規定できず、結局ラジカルな日本独自の民主化革命運動を展開することができなかったのである。

両者に共通する理論的難点は、「国家」のイデオロギーを超えた実在性を冷静に認識し、国家主権の民主化の重要性を理解しえなかった点にあった。事実両派の最大の敵は、帝国主義の母胎たる反民主的な国家主義政権であったはず。インターナショナルを喪失した社会主義が専制国家権力の計画・指導に基づき遂行される国家社会主義も、国家主義政権が社会主義を吸収し資本主義を修正して遂行される国家社会主義も、民主政治を抑圧し中央集権的な全体主義に依拠する点で差異はなく、いずれ帝国主義戦争への野蛮な途を辿る。事実二五～三〇年代以降日本帝国は、迷走する社会主義諸政党を取り込み、ソ連に倣い国家社会主義的統制経済を遂行し、後にドイツ・ナチス（国家社会主義ドイツ労働者党）とも手を組み、アジア侵略から世界制覇を目指す植民地帝国主義の「怪物」となっていく。この「運命」からの回避のためにも、社会主義的教条と皇国国家主義を脱した国民国家形成と、そのための民主化革命こそが必須であった。

二・二六事件と聖戦イデオロギー

大正天皇から昭和天皇に代わり、日本政府が国家総動員体制を始動させ、金融資本主義経済が軌道に乗るやさきの二七年（昭和二年）に、金融恐慌が起こった。不慣れな私企業中心の銀行業が不良債権処理を誤ったことが直接の原因であった。高橋是清蔵相によるモラトリアムの発令が功を奏し、一旦落ち着きをとり戻したが、しかし二九年に世界恐慌が起こると、前回の恐慌後に為替相場の安定と輸出促進を目的に金解禁を行っていた日本経済もまた、それが逆効果となり、三〇年に再び商品市場・株式市場の大暴落が発生し、輸入超過に陥った（昭和恐慌[29]）。ただし政府の金解禁と同時に、企業の独占や資本集中が進み、今回の恐慌による直接的な打撃は大企業・大財閥ではなく、もっぱら体力の弱い層に及んだ。結局中小企業の倒産と失業者の増大、農産物価格の暴落による農民の困窮化が進み、経済的な不安が全国に蔓延し、労働・小作争議が頻発した。

また同時期大陸では、第一次大戦後日本が権益を獲得した山東省で、中国国民党による「北伐」が盛んになり（二七〜八年）、田中義一内閣は度毎に山東出兵を行っていたが、国民党が全国統一を目指すやいなや、日本の軍部や右翼勢力は東北（満州）における日本の特殊権益の侵犯を憂い、アジア支配の「生命線」満蒙の危機と叫び、世論を煽った。そして石原莞爾（一八八九〜一九四九）や板垣征四郎（一八八五〜一九四八）達の主導する関東軍は、三一年に中国の仕業に見せかけ満鉄線を爆破し（柳条湖事件）、それを口実に奉天を占領し、東北地方全土を制圧した（満州事変）。三二年に日本政府は、そこに傀儡政権を立て実質的に満州国をでっち上げ、日本の植民地とした。しかしワシントン体制下の国際社会にあって当然このような日本の策謀は批判に晒された。三三年に国際連盟がリットン報告書に基づき日本軍の満州からの撤退を勧告したが、ブレーキの利かなくなった日本は、同年国際連盟を脱退し（松岡洋右）、翌年にはワシントン条約をも単独廃棄し、国際的な孤立を深めていった。

日本政府は、内外の経済的・政治的難局を迎えて、国内的には小作調停法（二四年）や労働争議調停法（二六年）などに基づき対処しようとしていたが、結局焼け石に水となった。[30] そのようななか満州事変を批判し、労働者・農民による諸々争議と連動する下からの「過激な左翼」の主導する反体制的な無産者運動が発生し、他方悲惨な農村の状況を憂い、その元凶を財閥と政治家との癒着にありとみなし、国家社会主義的な改造を目指す一連の「過激な右翼」が現れ、クーデターが計画された。上からの統制を目指す当局からすれば、体制を揺動させるいずれの動向も抑制の対象となる。ただ「過激な左翼」に対しては治安維持法適用で容易に制圧可能であったが、「過激な右翼」に対しては、かれらの行動が政府内部（特に軍部）の対立・抗争に関わっており、しかもそこに革新的な要素も加わってくるだけに、対応に苦慮し統制も曖昧なものとなる。

なお「過激な右翼」の革新性とは、幸徳由来の社会主義的な直接行動を淵源とするが、それはしかしあくまでも国家主義的な解釈と倫理的かつ暴力的な心情に基づいており、おおむね保守反動的であった。してかれらの「暴力的正義感」に基づいた最初の直接行動（クーデター）は、三一年の満州事変に呼応して進められた。軍部の橋本欣五郎少佐が将校達とともに桜会を結成し、労働組合幹部とも通じていた民間右翼（国家社会主義者）の大川周明とともに、陸相宇垣一成〈一八六八〜一九五六〉次いで荒木貞夫（一八七七〜一九六六）を首相とする軍部内閣樹立を目指した。いずれも未遂（事前発覚など）に終わったが、この民間右翼と軍部とがつるんだ計画は、五・一五事件によって現実のものとなる。三二年に民間右翼（血盟団）の井上日召（一八八六〜一九六七）が、海軍将校や農本主義的民間右翼（愛郷塾）の橘孝三郎（一八九三〜一九七四）とともに国家改造を目指し、政財界重鎮の暗殺を企て、各々前後して前蔵相の井上準之助（一八六九〜一九三二）と三井財閥の団琢磨（一八五八〜一九三二）、次いで現首相の犬養毅を惨殺するという野蛮な行動に出た。直情的で杜撰な計画ゆえに賛同者も少なく、政党内閣の現首相の射撃という与えた衝撃が大きかったが、間もなく主謀者が検挙され、たんなるテロ事件で終わった。しかし政局に与えた影響は大きかった。

犬養死去後の首相について、天皇の通達を受けた元老西園寺は、政党内閣の継続を選択せず、前朝鮮総督で海軍大将の斉藤実（一八五八〜一九三六）を指名した。さらに彼の辞職後の三四年にも、西園寺主導の下同じく海軍（大臣）出身の岡田啓介（一八六八〜一九五二）が首相に選ばれた。西園寺は、ファショ内閣を回避し挙国一致内閣を形成すべく、いずれも政党から五名の閣僚を選んだが、岡田内閣では政党出身者に主要ポストが与えられず政党の権威が地に落ち、挙国一致内閣がしだいに軍政内閣へと変貌していった。それでも満州国承認をめぐり、広田弘毅（一八七八〜一九四八）を重用した岡田内閣（広田・重光外交）は、三五年に中国国民政府の対日三原則（日中相互の独立尊重、真正な友誼の維持、両国間の事件に対する平和的手段による解決）の提示を受けて、国際的な孤立を避けるために対中「和協内閣」を目指し、他方欧米の対中干渉の防備から対案となる広田三原則（中国側の排日取締り、満州国の黙認、共同防共）の承認を要求した。しかしどちらの三原則を前提に交渉するかで平行線を辿り、さらに満州国の「領有」を目指す関東軍・軍部が、華北分離工作を進め、中国国民政府の態度を一層硬化させ、交渉は暗礁に乗り上げた。[31] 後に国民政府は中国共産党の脅威から日本政府の要求に譲歩するが、関東軍・軍部はこの岡田や後継広田内閣の現状維持の「弱腰」外交に不満を募らせた。そのようななか国内で軍内部の皇道派と統制派の抗争が導火線となり、三六年に大規模な軍事クーデター：二・二六事件が勃発した。

この「事件」は、皇道派達によって政府の重鎮、岡田首相、高橋是清大蔵大臣、斉藤実内相、渡辺錠太郎教育総監、鈴木貫太郎侍従長達が襲われるという、「血なまぐささ」と「杜撰さ」では、五・一五のテロ事件と変りはなかったが、規模においてそれをはるか凌ぐ、まさに軍事クーデターの様相を呈した。[32] ところで皇道派とは、イデオロギー的には荒木貞夫や真崎甚三郎（一八七六〜一九五六）達を中心としたいわゆる「観念右翼」であり、永田鉄山（一八八四〜一九三五）や東条英機（一八八四〜一九四八）、磯部浅一（一九〇五〜三七）達を中心とした統制派の「革新右翼」と対照的であった。しかしいずれの思想も天皇制国家主義・軍国主義に社会主義的な要素を含ませ、直情的・観念的か理論的・統制的かである以外に、その相異や対立に明らかな根拠がなかった。抗争の直接的な原因も、国家と天皇の関係性の些細な解釈の差異にあった。すなわち統制派の支持する美濃部達吉（一八七三〜一九四八）による法的理論―主権は法人としての国家にあり、天皇は国家の最高機関という「天皇機関説（国家法人説）」（三五年）に対し、その法的意味を解しない皇道派が皮相的・一方的に非難（「天皇を機関とみなすは無礼！」）し新たに「国体明徴」を叫び、この動きを抑制しようとした統制派の軍務局長永田を斬殺し、抗争へと発展していった。たんなる「内輪もめ」にすぎない両派の関係は、しかし当該事件後も、鎮圧した側の「革新」的な統制派による政治主導と、対する皇道派の批判というかたちで、第二次大戦まで続いた。その間皇道派が度々統制派の理論をマルクス主義由来と揶揄することがあったが、皇道派も当該事件では、「天皇機関説」に近似する国家社会主義者北一輝の思想に触発され、彼の『日本改造法案大綱』（後述）を聖典として、「昭和維新」と称し決起したわけで、その点でも両派の思想に大きな違いはなかった。「天皇」理解や「国体論」の相違点を語るとすれば、奇妙なことに両派間の相違よりもむしろ両派と北との間の「疎隔」のほうが大きかった。つまり二・二六事件は、大逆事件が幸徳の望んだ「革命」ではなかったように、北の望んだ「第二維新革命」ではなかった。この点については後節で改めて論考するが、留意すべきはむしろこの両派の国家社会主義的な言動が、政府の軍政帝国主義の聖性を補強した点にあった。いずれにせよ民間右翼と軍部が結託し起したこの大々的な二・二六事件に対し、前回の五・一五事件のときとは異なり、天皇が自らの権威の失墜を察知してか、速やかな鎮圧と、決起参加者に対する重刑を以て臨むことを通達した。結果軍部皇道派一七名のみならず、民間右翼の北にも死刑判決が下った。

事件後再び西園寺が次期首相の選定に当たり、近親の近衛文麿（一八九一～一九四五）を推薦したがかなわず、新たに広田外相が首相となった。彼は統制経済の進展に尽力するとともに、軍事課長に事件鎮圧に功績のあった陸軍の石原莞爾を据え、国家社会主義統制派を軸に粛軍を以て挙国一致の軍政体制を強化していった。なお石原は満州事変以降、加藤完治（一八八四～一九六七）、松岡洋右（一八八〇～一九四六）、宮崎正義（一八九三～一九五四）、岸信介（一八九六～一九八七）、東条英機および森恪（一八八二〜一九三二）達とともに、皇国排外主義に基づき「満州国協和会」（三二年成立）を中核に「王道楽土・五族協和」を掲げ、満州植民地支配を正当化してきた。と同時に彼は、満州への本国困窮民の移民を企画し（移民の任務は土地供与による国内問題の解決と同時に、「満州国」の農業の発展と治安維持および対ソ戦略にあった）、ソ連の統制経済をモデルに「産業開発五か年計画」を実施し、「満州国」産業の全面的な開発に尽力した。こうして石原達は経済的・軍事的な国内外の問題を一挙に解決し、民間右翼をも巻き込み「大土地所有者」天皇を頂点とする日本帝国の世界制覇を目論んでいた。そして今度の軍事課長の就任である。そこで石原は戦略の重点を帝国内の軍需工業拡充にシフトさせ、軍事力をさらに高め満州から中国全土の支配へと覇権拡大の道筋をつけようとした。しかし首相が広田から林銑十郎（一八七六〜一九四三）に代わると、国内での石原の勢いはなくなった。

三七年に林内閣が総辞職し議員選挙が施行されると、反共・社会大衆党が大躍進し、同時期に西園寺の期待を受けた革新官僚近衛文麿内閣が誕生した。そしてその直後に盧溝橋で日中両軍が衝突し、日中全面戦争への火ぶたが切られた。そこで一時期河上肇（一八七九〜一九四六）のマルクス主義思想を学び国家社会主義者ともなっていた近衛は、社会大衆党をも取り込み、日中戦争に向けて体制の思想的一体化をはかっていった。彼は日満支三国提携、共同防共、欧米資本主義からの東洋民族の解放を皇国聖戦イデオロギーとして掲げ国民に鼓吹すると、アジア植民地支配を目論む軍部は帝国主義侵略戦争のイメージをアジア民族解放のイデオロギーにすり替え呼応し、北京から南京へと戦線を拡大させていった。そして同年末に南京を陥落させ、当地で「大虐殺事件」を起こした。しかし近衛内閣は、この事実をネグレクトし、三八年には国家総動員法を公布し、半年後に「東亜新秩序建設」声明を出し、共存共栄の新しい国際平和秩序を形成するという欺瞞的な看板を掲げた。そして四〇年に日・独・伊三国軍事同盟が結ばれると、日本軍は聖戦イデオロギーの下、仏領印へ進駐していった。一方国内では政府は、社会大衆党や総同盟を解体させ、大政翼賛会を発足し[33]、さらに大日本産業報国会を結成し国家の一元化をはかっていった。

しかしこのような独善的な対アジア覇権戦略を遂行する日本帝国は、当然激しい抵抗（第二次国共合作による中国の抗日統一戦線とABCD包囲網）に遭い、孤立を深めていった。そのようななか四一年に、米国が対日石油輸出禁止を発動し、さらにハル・ノート（日本軍の中国からの撤兵や三国同盟の空文化など）を日本政府に提示すると、交渉・妥協重視の近衛内閣を押し退け組閣していた東条英機は、御前会議で対米英蘭開戦を決定した。そしてついに日本軍は英領マレー半島に上陸し、さらに米国ハワイの真珠湾奇襲攻撃に及んだ。それはかつて幸徳が危惧した、また自らの軍国主義的な挙動に無自覚であった大川や北さえも阻止しようとした、まさに悪夢の日米決戦の始まりであった。

四二年から三年にかけて、当初破竹の勢いだった日本軍はアジア一帯に天皇制支配の大帝国を築くという「大東亜共栄圏」構想を掲げ、皇民化という大義名分の下に華北から華中、華南そして東南アジア一帯を進駐、侵略し、さらに「大東亜共同宣言」に従い各々支配地域から皇軍兵を対米戦のために動員していった。しかし日本帝国軍の勢いもはるか国力に勝る米軍の反撃で間もなく後退し、戦局が逆転していく。四五年には、米・連合軍がヤルタ会談でソ連の対日参戦を認容し、さらに米軍は日本本土の爆撃と沖縄戦に及んだ。そしてついに日本政府に対し、軍国主義勢力の除去、植民地・占領地の放棄、戦争犯罪人の処罰などを要求するポツダム宣言（対日共同宣言）が出された。しかし不服の政府は当該宣言を「黙殺」し決断を遅延させたため、広島・長崎に原爆が投下され、膨大な犠牲者（死没者総数約三〇万人）が出た。ようやく宣言が受諾されたが、それは国民の命を守るためというよりは、国体と「三種の神器」の護持のためであった。

この諸々の重大な「過ち」は、日本・同盟国側のみならず、米・連合国側にも見られた。それは米国による「原爆投下」は言うまでもなく、大西洋憲章の領土不拡大の条規を破るソ連の行動の容認にあった[34]。なおこの点については、次章でもさらに詳しく取り上げる。

北一輝と幸徳

第一次世界大戦からアジア・太平洋戦争にかけて、日本社会に帝国主義の気運がしだいに高まり、対抗する反帝国主義運動も平民社系譜の労農派の反戦・社会主義運動を中心に、共産党系の人達をも巻き込み反ファシズム統一戦線運動へと発展していった。しかしこの「下」からの反帝・反ファシズムの運動も「上」からの激しい弾圧を招き、敗北を重ね、野蛮な「聖戦」にブレーキをかけることができなかった。この戦争の全責任は、主導した側の天皇と軍政府にあることは言を俟たないが、しかし翼賛し戦争に加担していった諸勢力の責任はもとより、反体制的な運動勢力側にも、「不可抗力」とはいえ、「革命」を成功に導けずいずれの戦争にも歯止めをかけられなかった「責任」は免れえない。では当時の絶対天皇制国家主義体制の下で、果たして理想的な「革命」すなわちラジカルな民主化革命を実現させ、帝国主義戦争にストップをかけることができたであろうか。

これまで世界の革命について学習してきたように、民主化革命を成功に導く主要な条件として、大同団結による、統一化された革命の行動指針、用意周到な「計画・戦略」、運動分子同志の一点突破への結束と協働、さらに大衆支持と政権奪取後の民主システムの確立・遵守が挙げられよう。革命は大きな「賭け」であり逆は必ずしも真ならずだが、もしこの条件が二〇世紀以降の戦前日本の革命運動に適用されたならば、絶対天皇制国家体制を覆し、後のアジア侵略や太平洋戦争に歯止めをかけることができたかもしれない。してそのためには平民社運動の同志、シンパ、そして諸々の継承者達が共に「共和・民主」の国家形成を目指し、幅広い多様な運動・思想を糾合し、荒畑の指摘した、いやそれ以上のグレードアップされた統一的な革命思想の下に、連帯・協働していくことが必須であったろう。もとよりこれはあくまでも想像や願望にすぎず歴史には通用しないが、それでも牽強付会に類する仮説や安易な推測に拠らないかぎり、またそこに深い反省と洞察が伴うかぎり、せめて現代の思想・運動の教訓や梃となりうるだろう。

改めてリアルに、二〇世紀初頭の幸徳達の「下」からの平民社運動による反体制運動だけでは革命成就は毛頭不可能であった、という反省から始めよう。二章でも述べたが、幸徳の運動理論の最大の難点は、彼の主唱する「無政府共産」・「サンジカリズム」・「直接行動」論には、「天皇」や「国家」に対する歴史思想的な明晰性を欠き、そのため革命の展望が見えてこないという点にあった。それは、後に石母田正（一九一二～八六）が「幸徳秋水と中国」という論文[35]の中で指摘したように、平民社運動を主導した幸徳の民族独立運動に寄せる関心の低さ、また彼の主唱する超国家的な社会主義自体の観念性や抽象性に由来するとも言えよう。なおローザの思想にも通ずるこのような幸徳思想の「限界」は、ある意味石母田の指摘する「支配民族の革命家」（三九二頁）に基因するとも言えようか。では以上の諸「限界」を踏まえ、新たに当時日本の革命を展望するならばどうなるか。石母田によれば、アジア支配民族としての日本の革命運動は、「維新と自由民権の革命的伝統をつぐ」（四〇五頁）運動が、日本の反帝国主義運動とアジアの反帝国主義的民族解放運動と連帯・連動していく運動となるべきであろう。

この一見真っ当な石母田の思想だが、しかし問題は、彼がそのためにレーニンの「大ロシア人の民族的誇り」に倣い、国民の「愛国心」を革命運動へシフトさせるべきと奇怪な「説教」を施し、して幸徳の思想を「祖国（民族）愛の欠如」「コスモポリタニズム」と不適切に揶揄した点にあった。そもそも彼の民族国家革命論には、マルクス・レーニン主義やコミンテルンの教条である「プロレタリア独裁」革命による社会（共産）主義国家論が投影されていた。ゆえに彼の主張する民主主義革命は、その前段階としての「ブルジョワ民主主義革命」でしかなく、そこには住民自治ならぬ、すでに天皇制神道と一体化していた民族自治重視の国家主義的な「幻想」が張り付いていた。その結果、彼の日本民族の自立への拘りが、講座派由来の反・天皇制の民主化革命理論を後退させていった。他方このような石母田の民族自決・独立という名の無自覚な「愛国」主義的了解は、ソ連の社会（共産）主義国家内政治の専制・独裁化および帝国主義化を等閑視させることになった。

石母田同様「国家」社会主義者であった北一輝は、しかしすでにソ連が旧ロシア専制君主国家の帝国主義を継承していたことを見抜いていた。北の帝国主義の理解は直情的であり、それゆえ対他的にはロシア帝国主義には厳しかったが、対自的にはすなわち日本の帝国主義に対しては頗る甘かった。それでも幸徳達の非中央集権的な唯物論派の影響をも受け、彼のロシア・ソ連帝国主義批判は、理性的論理的であった。それは、二三年の関東大震災の半年ほど前に、ソ連の承認と外交折衝のために来日したヨッフェに対する「公開状[36]」の中に窺える。彼は皮肉を込めてしかし的確に、ヨッフェ・ソ連政府を批判する。要約すると、これまで列強の支配する国際社会を非難し自己の承認権を放棄してきた君達が、今さら承認要求とは何だ。ヨッフェ君が今相手にしている日本政府は、君らが革命の始めに投獄し銃殺した地主貴族階級と知識階級ではないか。君達は、資本主義諸国に借款継承の無効を要求し、なおかつ土地の領有権の認容のみ要求するとは何と驕慢であるか。ソ連政府を承認するということは、前代主権者（ロマノフ王朝）の領有せる領土継承権を、ゆえに政府の延長を承認することではないか。かれらは自らまさに「社会革命はロマノフ皇室を倒すまでの理論であった。今ロマノフは倒れた。吾々はロマノフを継承した。吾々の馬は正に大帝国主義、大軍国主義である」（四〇一頁）と告白すべきではないか、と。まさにリアルで先見の明ある批評であった。石母田はなぜこの北の言説を学ばなかったのか。

中国の民族主義革命を支援する北一輝が、自らが「支配民族の革命家」と気づかされるのは、辛亥革命が成就した後に勃興してきた大々的な反日民族主義運動に遭遇してからのことである。とはいえ北は、日本の帝国主義に対して、幸徳のように真っ向から対峙することはなかった。しかし彼は、当時の万世一系の非近代的・非民主的な維新政府を倒し、国家第二維新民主化革命を目指した。幸徳と北との関係はそれほど親密ではなかったが、それでも北は、幸徳の『社会主義神髄』に心酔し、平民社設立当初より幸徳を慕っていた。それは両者の交流（書簡など）から読みとれる。ゆえに思想的にも北は、幸徳の「世界人民」「社会民主主義」、後の「反天皇（君主）」「直接行動」などに大きな影響を受けている。しかし内心幸徳の輸入の社会主義や無政府主義的な「下」からの運動や直接行動論に批判的でもあった。というのも北は、幸徳と接触する前から、国家主義・帝国主義に傾倒し、日露開戦を積極的に鼓吹していたからだ。[37] 彼は、幸徳同様欧米の帝国主義を批判し、前述したように特に満韓を侵略しようとする「スラブ蛮族」の露帝国に対しては激しく非難し、東北アジアの「正当防衛」という口実を以て日本帝国主義の責任を不問にし、日露戦争を正当化したのだ。後に彼が宮崎滔天（一八七一〜一九二二）に誘われ中国同盟会（孫文、宋教仁、黄興…）に、また超国家主義的な黒竜会に入り（〇六年）、中国の民族主義的な革命運動に加わったのも、かかる反露帝国への強い思いがあったからであろう。

　北一輝の思想をめぐる最大の問題は、このように彼が社会主義・民主主義と国家主義・帝国主義との二律背反的な両思想を自己同一化（折衷）し、確信犯的に使い分けていた点にあった。実際にも彼は、国家主義的民族主義的なグループに関わりながらも、他方幸徳への書簡[38]で「国体論の未練がサッパリと切れた為め、」と告白し、続いて『革命評論』の「自殺と暗殺」のなかで、「苟も万世一系の皇室を戴き万国無比の国体に生息するもの只忠君愛国の道徳あれば足る。何為れぞ其の煩悶するや。…煩悶とは個人が自己の主権によって他の外来的主権に叛逆を企つる内心の革命戦争なりと。[39]」と皮肉を込めて自問し、彼の反「国体」の社会民主主義的な心情を吐露している。また後に反天皇主義唯物論を基調とした幸徳主催の講習会例会（金曜日会）にも出席している。

しかし結局、北の左右両極間の「彷徨」は、ある意味彼の「煩悶」の克服のためであるか、それとも連帯の模索であったろうか、いずれにせよ彼の不徹底ゆえの「彷徨」および「二股」は、後に政府権力側の「国体論」やイデオロギーに忖度する自らを晒すことにもなる（特に事件逮捕後の調書を参照）。それでも北の思想には、幸徳思想になかった天皇、民族、資本、主権国家、世界組織に関する有機的かつ論理的な観点や考察があった。もし北が幸徳の反帝国主義 - 社会民主主義の基本的なスタンスを身につけ、なおかつ伝統の国家社会主義者達をも牽引し、幸徳達と共に上下縦横からの労働者・大衆運動、議会活動、労働組合運動および直接行動など諸々の運動を統一的に連動させていったならば、万世一系の皇国虚構体制を打破し、「共和と民主」の「国（公）民国家」を実現させることができたであろう。だが当時両者がそのために議論を尽くし、オーガナイザーとして協働し、幅広い連帯を模索したという形跡は見られない。

連帯のための最大の難関は、聖戦イデオロギーを鼓吹する国家社会主義者達の説得にあった。ちなみに二〇世紀初頭より政権側の国家主義者達に先んじて、幸徳や平民社の「社会主義思想」に影響を受け改革や革命を志向し政局を揺るがした民間の「国家社会主義」者に、内田良平、頭山満（一八五五〜一九四四）、大川周明達がいた。かれらは伊藤博文の下で起草された大日本帝国憲法の天皇主権（大権）に従い、皇室を宗家と仰ぐ皇国史観の「国体論」に依拠していた点で、生粋の国家主義者であった。しかし各々が社会主義の影響を受け、アジアの民族解放運動に加担・支援すると同時に、国内的には社会主義政策やナショナルな「自治」を重視し、欧米列強帝国に対抗し、日本国の自治権

（治外法権の撤廃・関税自主権の回復）を主張した。かれらは対米戦争にも反対するなど、政府の石原莞爾のような帝国主義者および軍国主義者のように、やみくもに他国侵略を主張し、戦争を賛美したわけではなかった。ただ多くは国家神道の宗教的な観念にとらわれ、反資本主義を主張しながら他方財閥資本からの支援を恣にし、また皇軍によるアジア侵略に対しては時折批判しながらもおおむね支持するなど、言動に一貫性を欠いた。かれらもまた、いやより一層「支配民族」の自覚が希薄であり、いずれ各々の民権思想が後退し、結局国家（政府）社会主義の先駆者山路愛山並みの君主・政府・人民一体の思想から脱却できなかった。

北一輝の言動もかれら国家社会主義者達とそれほど変わりはなかった。しかし彼は政府国家社会主義とは根本的に異なる、幸徳思想由来の革新的で明確なヴィジョンを持っていた。彼の思想には、安易に反資本主義や国家主義および帝国主義に結びつけることのできない理論や見解および主張があり、それゆえ逆説的だがかれら伝統的右派の思想的支柱ともなった。事の是非はともあれ、彼にはそのような「極右」をも牽引しうる思想力を有していた。ちなみに北の国家社会主義は、皇国史観に束縛されず、国家を主権的法人および有機的個体として認識し、彼の独特な社会民主主義の解釈とともに、論理的、理性的かつ独自的であった。北の思想能力からすれば、多くの国家社会主義者達を維新民主化革命運動に牽引できたであろう。ただし幸徳達平民社系譜の運動との連携なしでは、それは強権的な超国家主義の政権に帰結するであろうリスクも有していた。

改めて折衷的両義的な北の思想について、彼が二〇代で書いた大著『国体論及び純正社会主義』

（一九〇六年）[40]を中心に考察しよう。さて彼は、物質、生物、人類、国家あるいは天皇などの「万象」を近代西欧のダーウィンの生物進化論と社会民主主義思想をベースに唯物的かつ歴史的に対象化し、さらに東洋思想的・仏教的観点から相対的・有機的かつ総体的に理解し認識し論じた。してその「成果」は、個人（体）間の食物や雌雄競争などの「生存競争」に基づく生物的な進化と、また労資階級間のおよび国家間の競（闘／戦）争に基づく「資本」と「国家」の社会的進化の、統一的な基礎理論の形成に結びついた。とはいえこれだけではマルクスや幸徳の唯物史観と大差はない。だが北の社会進化の内容には、現代社会を先取りするような観点があった。たとえば「資本」論に関しては、北はベルシュタイン並みの社会的改良、すなわちトラストの発展や高額資産の制限、労働者が株主なることへの推奨など、現代修正資本主義を見越していた（四一頁他参照）。他方「国家」論に関しても、バクーニン、クロポトキン、幸徳の「無政府」論とも、マルクス、レーニンの「国家死滅」論とも異なる、〈間‐国家〉〈社会即国家〉の観点から、帝国主義を是認し時に批判しながらも、その先の「主権国家」を踏まえての「世界連邦」論を展開するなど、現代の国際社会を見越していた。

曰く、「社会主義の世界連邦国は国家・人種の分化的発達の上に世界的同化作用をなさんとするものなり。ゆえに自国の独立を脅かすものを排除するとともに、他の国家の上に自家の同化作用を強力によりて行わんとする侵略を許容せず。…国家競争の内容を連邦議会の議決に進化せしめんとするものなり」（四二二頁）と。さらに「今日のごとく世界の大我を忘却し国家の小我を中心としてすべての行動をとりつつあること帝国主義者の賛美しつつあるごとくなるは、実に倫理的制度たるを無視せる国家の犯罪なり。」（四二九頁）と述べる。第一次世界大戦前の、そして国際連盟設立前の段階でのこのような彼の、重層的有機的な国家論的発想には、マルクスやローザそして幸徳の思想にさえ見られない卓越した観点があった。

なお「天皇（制）」に関しては、幸徳は天皇を崇拝から嫌悪・批判の、ゆえに「廃絶」の対象へと転化させていったが、北は当初から「国民対皇室の歴史的観察―所謂国体論の打破」（『佐渡新聞』一九〇三・六・二五）[41]のなかで、日本は、大化の改新以前では厳密には国家ではなく社会にすぎなかった。また「民政に熱心せる義時は大胆にも父子三帝を捕えて松籟濤声の地に放逐したり」「吾人の祖先はすべて乱臣・賊子なりき」と述べ、「万世一系の皇統を戴く」国体の精華を謳った大日本帝国憲法の神聖天皇観（天皇主権説）を批判していた。彼は、福沢諭吉に倣い「一君万民」を説いたが、前述したように彼自身内心天皇は「利用」の対象でしかなく、「国家」を人体（有機体）に擬え、天皇を国家の「一機関（器官）」と見立てていた。それはまさしく天皇機関説ではあったが、しかし美濃部の説いた機関（有機体）説では、人体頭部の至高的な精神作用を国家の最高機関としての天皇の法的権威に比喩させるなど、社会科学的・修辞的なアナロジーに依拠していたのに対し、北は天皇も国家も自然科学的に代替・進化する実在にすぎないとみなし、天皇制支配の廃絶こそが進化の成果ととらえていた[42]。彼にとっての第一義は、何よりも国家の人体的基礎すなわち物質的生活面の経済的な平等の保障にあり、よって政治的・経済的に未だ不平等な明治維新体制はラジカルな批判と改革の対象となる。ただし幸徳とは異なり、北の天皇（制）論には本音と建前が錯綜しており、真意不明なことが多い。

北の思想には、唯物的な社会主義「進化」思想と「偶像」を無化できない唯心的な観念が混然一体となっていた。つまり彼の進化論では、進化する高みの極点（時点）で、生物学的・社会科学的言説からいきなり観念的・宗教的な言説へと飛躍するカオスが内在していた。「科学は一元論となり、宗教に帰れり。唯心論の要求たる精神の不滅は唯物論の説明たる物質の不死によりて満たされたり。物心もとより一元にして人は肉体においても精神においても不死不滅のものなり」（四三五頁）と。この北の物質と精神の不滅という理解は、現代の素粒子・ＤＮＡ・テクストの理論によれば、あながち誤ってはいない。ただしその場合「精神」は社会的精神であり、それは個々の身体の機能としての意識（心的作用）とは別次元の謂いである。後者の意味に従うならば、「精神」は不滅ではなく、中江兆民の物質のみの不滅を説く唯物論こそが適切な解釈となる。北はこの点を混同したため、彼の精神は身体意識のレベルを超え、存在の超次元的な世界へ、つまり法華経的な観念さながら唯物的生命論が唯心的観念論へと飛躍し、「半獣半神」の人類が排泄作用や生殖行為など美にふさわしくない行為から解放された「神類」となる真の理想の世界（実は空想の「死者の世界」）へと飛翔していく。

幻の第二維新民主化革命

北は、当該書出版を以て間違いなく、若くして自余の専門学者達を超える天才的な能力を発揮した。しかしそれがためか北自らが「天才」と自負し、社会（民主）主義を「天才主義」になぞらえ、「社会主義は君主を転覆し貴族を打破して上層階級を下層的平等の内に溶解する『平民主義』にあらず」などと、暗に幸徳達の平民社の運動を揶揄した（四七〇頁）。この発言は、ある意味「謙虚な幸徳」

に対する「傲慢な北」を想像させるが、北の自説のプロパガンダでもあった。要するに彼の「天才」を育て「天才」によって主導される社会民主主義とは、前述した「神類」の世界を目指す「天才」すなわち北自身あるいは北の「天才」を投影し代替する「一君（天皇）」による革命思想にほかならなかった。

さて北の社会民主主義が目指す、一切の生理的欲求から解放された「神類」の世界とは、ヘーゲルやベルグソンの語る超次元的な、北自身が非難するキリスト教の神の世界であり、しかし何よりも天上の諸仏界であった。北はこの至高の世界を目指し自らを、我日本の「眼目」や「柱」や「大船」となり民衆を折伏主導する日蓮の姿に擬え、国民を誘い啓蒙する導師（天才）たらんとした。結局彼は自己の「偶像」すなわち過剰な自画像に酔い、天皇のみならず国民をも自らに同化させ「道具」にしてしまったのだろうか。[43] いずれにせよ彼が存在（国家・生物・人間）を進化させる本来の意味での社会民主主義を、方法として必要（四七四～八頁参照）としたが、真善美を一体化した特に外貌的な美や恋愛を進化の至高とみなすことで、幸徳の成熟した庶民的な社会民主主義から大きく逸れてしまった。彼のリアルな革命理論は、その極限において、荒唐無稽の若年性の願望か夢想か、「美」と「差別」の間の何らの矛盾さえも感じない、ゆえに農民・労働者や被圧迫民衆の生活苦に共感できないロマンチズムかナルシズムか、北自らの現実の姿さえ見失わせてしまったのだ（後に若気の至りと反省しているが？）。

ところで北は金持ちに揺すりや集りをしたが、渋沢のように自ら進んで資本主義の発達に寄与するわけでもなく、また福沢や中江ほどにも民権を重視したわけでもなかった。幸徳が亡命先のアメリカ西海岸で革命運動に尽力したように、北もまた「亡命」先の中国で民族解放革命（辛亥革命）運動に関わったが、彼はもっぱら武断主義的な気質と気脈を通じた宋教仁を支持し、アメリカの国際的民主主義をベースに三民主義を唱えた孫文（逸仙）を目の敵とした。[44] それは、北が宋の謀殺を袁世凱でなく孫文によるものと決めつけるほどであった。彼の民主主義精神の薄弱は、幸徳が社会民主主義の基本条件とみなしたアメリカやスイスの直接民主主義的な思想や政治システムを揶揄する点にも窺える。彼の思想の危険は、まさにこの民権薄弱にして独裁的な権力指向にあった。ゆえに彼の天才主義に基づいた社会民主主義思想には、自らの神格化と国家主義的帝国主義的な言動により民主化を押しとどめる危険性をはらんでいたのだ。

それでも北は、中国での反日帝運動が高まり、「支配民族」による民族主義運動支援に限界を覚え、またそこでの経験を踏まえ、ようやく自国の第二維新民主化革命の実現に心を馳せるようになっていった。彼は中国の辛亥革命に関わった後、二〇年に『国家改造案原理大綱』（『日本改造法案大綱』[45]）を猶存社の大川や満川亀太郎（一八八八～一九三六）達に秘密に領布した。それは武断的にして婉曲的な革命綱領であったが、しかし巻一から巻八までかなり論理的に練られた構成になっていた。ちなみに巻一の「国民の天皇」の有名な出足のフレーズは、「憲法停止─天皇ハ全日本国民ト共ニ国家改造ノ根基ヲ定メンガ為ニ天皇大権ノ発動ニヨリテ三年間憲法ヲ停止シ両院ヲ解散シ全国ニ戒厳令ヲ布ク」という文言になっている。この大胆明快な「革命宣言」。しかしそこではなおも本音埋伏の意図から具体的な方法と行動指針を欠き、抽象的な表現にとどまり、明確な革命のシナリオが見えてこない。

近藤秀樹は『明治の狂気と昭和の狂気』（前出）のなかで、三・一独立運動（朝鮮）や五・四運動（中国）の恐怖のなかで執筆された本書は「反革命綱領」であり、「奇激無謀」「空虚」とまで、厳しく批判している（一一六頁参照）。しかし北が、中国の反君主制民族革命運動と日本帝国の対アジア政策のジレンマのなかで、前者の革命運動を支援し、さらにかかる体験を踏まえ、後者に対する日本の第二維新民主化革命を本気モードで考え企てたことに対し、以上の近藤の一方的かつ否定的な批判は適切ではない。とりわけ続く「天皇ノ原義―」「華族制廢止―」「普通選擧―」「國民ノ自由ノ恢復―」「國家改造内閣―」「國家改造議會―」「皇室財産ノ國家下附―」において、「自由」拘束の元凶：治安警察法や新聞紙条例・出版法などの廃止、また「不等」の元凶：皇室財産の処分と「君側の奸」の一掃により「天皇の国民（天皇主権）」から「国民の天皇（国民主権）」への転換を促し、そのために普通選挙法を重視するという、まさに北の民主化革命への試みに関しては、むしろ積極的に評価すべきではないか。なかでも最も注目すべきは、革命遂行のための暫定的な改造内閣・議会を「…全國民ヨリ廣ク偉器ヲ選ビテ此任に當ラシム」「戒嚴令施行中普通選擧ニ依ル國家改造議會ヲ招集シ改造ヲ協議セシム」「…改正憲法ノ發布ト同時ニ改造議會ヲ解散ス」といった、ボリシェヴィキの「プロレタリア独裁」由来の、ローザも批判した「排除」「専制」の独裁を回避する配慮が施されている点にある。

二・二六事件がこの北の「宣言」に啓発されたとも言われるが、しかし前述したように軍部が主体となったこのクーデターは、「宣言」とは程遠い政財界へのテロという野蛮な「事件」で終わってしまい、北は幸徳同様「事件」の首謀者としてフレームアップされ、死刑という天皇の重罰裁可を受けた。失敗の原因は「宣言」にあったというよりも、北の明確な行動指針や具体的な計画の欠如とすでに皇国政府に洗脳された軍部に対する「甘い読み」に、しかしそれ以上に北自らが革命に主体的に尽力しなかった点にあった。いくつものカムフラージ（伏字、隠蔽、…）を凝らすなかで、結局自らの鏡像としての天皇の偶像から逃れえず、消極的になったためか。いずれにしても彼が積極的にこの「革命宣言」を以て、幸徳系譜の労農派や共産党・講座派の人達、また国家社会主義的な人達と議論、修正、申し合わせを行うなかで思想的統一をはかり、精鋭の創出、緻密な行動計画と一点突破の行動力を以て第二維新民主化革命を遂行すべきであったのだ。

もとより遂行に当たって、『改造法案』の修正が、初頭の「革命宣言」もさることながら、何箇所（女性排除の普選、徴兵制、…）かが必要となるが、最大の問題は巻七（朝鮮其他現在及ビ将来ノ領土ノ改造方針）の、特に日本帝国主義への「同化」を目的とした左記表明文にある。

朝鮮ノ郡縣制―朝鮮ヲ日本内地ト同一ナル行政法ノ下ニ置ク。朝鮮ハ日本ノ属邦ニ非ラズ。又日本人ノ植民地ニ非ラズ。日韓合併ノ本旨ニ照シテ日本帝國ノ一部タリ一行政區タル大本ヲ明ラカニス。…三原則ノ擴張―私有財産限度　私有地限度　私人生産業限度ノ三大原則ハ大日本帝國ノ根本組織ナルヲ以テ現在及ヒ將来ノ帝國領土内ニ擴張セラルヽ者ナリ。…現在領土ノ改造順序―朝鮮臺灣樺太等ノ改造ハ…、日本内地ノ改造ヲ終リ戒厳令ヲ撤廢スルト同時ニ三大原則ノ施行ニ着手ス。…改造官吏ハ日本内地ノ改造ニ徑驗ヲ得タル官吏又ハ同シキ在郷軍人團中ヨリ任命シ現在ノ各總督府ハ只其ノ補佐協力ニ止マル者トス。

このように、北には「国際的無産者」たる日本帝国の侵略戦争を正当化し、自らが「革命的帝国主義者」になることを以て、対朝鮮同化政策（朝鮮人の「覚醒」のために民族かつ国民としての同化を課す）に及ぶという、まさに「大東亜共栄圏」のイデオロギーに結びついていく独善的な論理および屈折した信念があった。この点に関しては、彼は前出（二章〈思想の変化〉）の幸徳の論説文「敬愛なる朝鮮」を読んでいなかったか、無視したか、いずれにせよ幸徳の他者（朝鮮民衆）の立場に立った観点（日本の政治家や識者達が、日清・日露の戦争を朝鮮の独立のための正義の戦争と誇称するが、朝鮮人の目を以てすれば、日本、支那、ロシア諸国は同じ権力者的野心を持った侵略者にすぎない）を理解していなかった。名実ともに民主化革命であるためには、この北の「同化」政策に沿った当該表明文全体が、幸徳の「自治の尊重と支援」という観点に沿って書き換えられるべきであろう。

では実際に第二維新民主化革命はいかに遂行されるべきか、その具体的なシナリオ・戦略について、『改造法案』を踏まえ考えてみよう。先ずは一点突破のために、民主化革命合意に達した精鋭の「顧問院」が「在郷軍人団」・軍部をオルグし、速やかにかれらに皇居を占拠させ、天皇を「人質」にとり、天皇の「大権」を以て（利用して）速やかに現憲法を停止させる。次いで普選による「国家改造議会」を招集し「改造内閣」を形成し、諸々の公民国家改革を施行する（枢密院、宮中官僚、華族制、治安警察法・維持法、新聞紙条例などの廃止、三権分立、人権擁護機関などの設立など）。そして最後に、天皇自らが引（隠）退表明とその期日を明記した改正共和政憲法を発布し新たな民主共和国宣言を行い、後に改造内閣を解散し、再び新憲法に従い普選を施行する。なおこの一連の革命を成就させるためには、大逆事件での「天皇謀殺未遂」に及ぶ「徹底・大胆」と、二・二六事件での用意周到な「軍組織力」とのタイアップにより、皇居・官邸・閣僚・議会・軍・警察機構など諸々政府機関を可能なかぎり非暴力的かつ速やかに制圧・支配していくことが求められる。

一方個々人としては、計画遂行への堅い意思と、革命がある意味大きな賭けであるだけに、何よりも犠牲少にして成果大の成功率一〇〇％の革命を目指す「気概」が求められる。しかし最大の課題は、伊藤・山県達によって「万世一系の天皇」という観念（顕教）を植え付けられた個々の、徴兵された皇軍兵士や国家社会主義者達、さらには農業、工業に携わる労働者大衆に対し、洗脳解除のオルグとともに革命綱領の啓蒙を行い、革命への圧倒的多数の支持と動員を可能にしていくことにある。また革命が権力闘争により反動や独裁に帰結しないために、前述の革命の中心を担う「顧問院」内部の民主的な「合意」「確約」の徹底が必須となる。ただそれが艱難の課題であるだけに、そこでは民衆運動に根ざした幸徳達の平民社や後の労農派の反帝国主義・社会民主主義を貫くグループの役割が重要となってくる。かれらは、北一輝の国家・国際連邦論を吸収しつつも、彼の危険かつファンシーな感性・論理を修正させ、また片山潜や吉野作造達の組合主義・議会主義（普選）と提携し、さらに共産党・講座派の人達に対しては、かれらの天皇制論を吸収すると同時に、脱コミンテルンを促し、そうして民主的な日本独自の革命集団を形成させていかねばならない。

前述したように北は自らを「天才」と自負しつつも、おそらくロシア革命の顚末を教訓として「革命宣言」において独裁化の回避を配慮した。だが彼の一連の曖昧な言動からはその確信が得られない。

事実二・二六事件に北が直接関与しなかったが、彼の特に国家主義的武断主義のみが独り歩きし、軍部皇道派のテロを惹起させ、その「気概」がさらに当該「事件」を制した統制派の軍国主義的精神にも受け継がれ、政府の帝国主義（超国家主義）化に拍車をかけ、大戦への道を推進させた。結局北自らが帝国主義や軍国主義の「闇（病）」を明確に自覚できなかったために、第二維新民主化革命を幻と化した。北のアンビヴァレントな〈天才主義、国家主義、帝国主義〉と〈社会主義、脱天皇制、自主・独立主義、国際連邦構想〉および〈唯物論〉と〈唯心論〉からなる「順逆不二」のナショナルな社会民主主義の宗教的な信念が大きな壁となっていたとも言えようか。

北は、「国家」「天皇制（国体）」「資本」の論理を唯物的、有機的かつ歴史的に相対化させ解釈することで、当時の中江や幸徳達の唯物論には見られない、また大川周明のような〈土着派〉や〈アジア派〉の観点[46]をも超えた、東西通有の重層的・多次元的な革命理論を形成した。しかし同時に彼の絶対矛盾的自己同一的および弁証法的な解釈、折衷、進化の理論は、唯物論から唯心論へと展開するなかで哲学的カオスに、さらには「同化」と「独善」による帝国主義（超国家主義）の闇（病）へと陥っていった。彼のこのような思想を脱・再構築させるためには、やはり強力な思想家、誰よりも幸徳の存在が必要であった。しかし二・二六事件当時すでに彼は存命せず、不条理な運命はそれを許さなかった。それでも荒畑・山川・堺達がタイムラグを克服し、共産党や北と連携し民主化革命を成就させ、アジア侵略・太平洋戦争の途を遮断させるべきであった。もとより第二維新民主化革命が幻と化したその責任は、すべての革命運動家にあった。

だがその責任は歴史の残酷か狡知か皮肉か、膨大なな犠牲をもたらした大戦後に、米敵国の上からの第二維新民主化革命により果たされる。

注

1. 『麺麭の略取』「和訳例言」（『幸徳秋水』中央公論社）五〇〇頁。
2. 幸徳も批判・批評しているが、ドイツの統一を目指したビスマルクは、対外的に鉄血政策に基づき覇権戦争を指導し、対内的には社会主義者鎮圧法の制定など、武力制圧と専制弾圧の政治に徹したが、同時に疾病保険法などの社会保障的な政策をも施行し、「あめとムチの政策」を行った。
3. 『共産党宣言』（角川書店）参照。
4. なお、パリ・コミューンの意義をめぐる評価については、『パリ・コミューン』（桂圭男著、岩波書店）の「エピローグ」を参照。ただ一九七〇年代の評だけに、著者が未だマルクス、エンゲルス、レーニンの「プロレタリア独裁」への信を失っていない点に留意すべきである。
5. 『フランスの内乱』（岩波書店）九〇頁参照。
6. 『国家と革命』（岩波書店）参照。
7. 『ゴータ綱領批判』（岩波書店）参照。
8. 「平民主義：戦争来」『幸徳秋水』（中央公論社）三七〇頁。
9. 『友への手紙』（論創社）二一七頁参照。
10. 巻末図書参照。
11. 「民主主義革命における社会民主党の二つの戦術」（『レーニン』中央公論社）一五二頁。
12. 幸徳は、キリスト教の「聖」なるアガペ的な愛は、「性」なるエロス的愛に由来するとリアルにとらえていたものと推測される。
13. 巻末図書参照。

14. 『マルクス・エンゲルス全集』補巻四、三三六頁。
15. 巻末図書参照。
16. 巻末『資本蓄積論』〈第三編：蓄積の歴史的条件〉参照。そこでは、マルクスのたんなる「資本の創世記の例証」（七〇頁）を批判し、特に後の非資本主義的世界への侵略的な資本主義化（資本蓄積過程）を指摘。ただこの点については、現代グローバル資本主義論においてすでに論議が尽くされている（「前著」参照）。
17. 巻末『資本論』参照。特に『資本論』第二四章の「いわゆる本源的蓄積」における、「アメリカにおける金銀産地の発見、原住民の掃滅、奴隷化、鉱山内への埋没、東インドの征服と掠奪との開始、アフリカの商業的黒人狩猟場への転化、これらのものによって、資本主義的生産時代の曙光が現われる。これらの牧歌的過程は、本源的蓄積の主要要素である」（三九七頁）に留意。
18. 主として、いわゆる機能主義的および構造主義的な文化人類学からの反進化論的な批判に見られる。なお著者も、以前『唯物的空なる気の世界』（一七八頁）の中で、ポスト構造主義的な観点から、原始民族社会における複合的な「均衡」「不均衡」について述べているので参照。
19. 彼女は、その手紙のなかで、「わたしは主として、人間的なものは何かについて天才的な見通しをつけているという点で、この作品を高く評価いたします」（七八頁）と述べている。
20. 彼女は、『ロシア革命論』（論創社）のなかで（特に一一、三〇頁参照）、民族自決、軍縮、国際連盟を批判し、また『民族と自治』（論創社）においても（特に一〇～七七頁参照）、同様に民族自決および国民国家の概念を「ブルジョア・イデオロギーのカテゴリーの一つ」として批判・否定している。
21. 「資本主義の最高の段階としての帝国主義」（注11同書）三六二頁。
22. 日本政府が中国の袁世凱政府に提出した要求であり、中国の東北地方南部・東モンゴルにおける各種権益の供与のほか、山東省におけるドイツ諸権益の譲渡、また中国の政治・財政・軍事の日本人顧問の採用、日本の軍産的な援助・指導の受容などを要求。
23. 特に間島での斉藤実の主導した日本皇軍による朝鮮独立運動に対する弾圧・虐殺は、言語を絶するものがあった。ちなみに北間島一帯で、シベリア出兵軍など日本軍の謀略・報復により、三〇〇〇人もの朝鮮人が虐殺された（巻末

24. 『「アジア侵略」の一〇〇年』一五〇頁、『朝鮮史』二九九頁参照）。
民本主義とは、「国家の主権が人民にある」という民主主義に対し、「主権の運用（政治）が人民のためにある」という、天皇主権との妥協の思想であったが、両方の意味を含む大正デモクラシーの動力源となった（『日本史史料』〈四一：民本主義〉参照）

25. 選挙権が二五歳以上の男子に、また被選挙権は三〇歳以上の男子に与えられ、選挙区は小から中へ転換された。

26. 当該法は、治安警察法を中心とする従来の集会・結社・言論の自由などの制限をさらに徹底し、国体の変革や私有財産制度の否認を目的とする結社や運動を禁止し、社会主義運動や労働・農民運動への取り締まりを強化することを目指すもの。なお二九年には田中内閣によって法改訂され、国体変革の刑は、懲役一〇年から死刑にまでなった。

27. 日本のアナーキストの運動や言動については、「アナーキストたちの中で」（巻末図書『社会主義運動半生記』）で、著者がアナ・ボル論争やアナ気質など、様々に語っているので参照。

28. なお山川は、戦後四六年にも、統一戦線を提唱している。

29. 第一次大戦中の軍需を中心とした好景気も、未だ生産基盤の弱い日本経済は、戦後には輸入超過に転落し、二〇年には、株式市場が暴落し、戦後恐慌を招来した。この不況に二三年の関東大震災が追い打ちをかけ、多くの企業、工場が壊滅的な打撃を受け、軒並み倒産し、決済不能となった銀行手持ちの手形が膨大な額に達した。このような諸々銀行の巨額の不良債権に対し、二七年から取り付け騒ぎが発生し一気に金融恐慌に突入。高橋蔵相（田中内閣）がモラトリアムを発令し、日銀からの非常貸し出しを行い、ようやく鎮静化した。さらに高橋蔵相（犬養内閣）は、昭和恐慌にも対応し、金輸出の再禁止と金兌換の停止を施行し、金本位制を管理通貨制へと移行させ、日本経済の画期的な政策転換を促していった。

30. 小作調停法は、小作争議が裁判所によって調停可能となったが、地主側にとっては多少の譲歩で争議を収束させることができるため、また労働争議調停法も同様に、労働者の団結権や争議権が部分的に認められるようになったが、資本家達にとっては、調停が強制的であれ任意的であれ、争議を上手く宥めることができ、いずれにとってもかえって好都合な法律となった。

31. 巻末図書『帝国の昭和』の中で、著者がこの交渉を「満州事変後の関係改善の最後のチャンスであったと言えるかもしれない」（二〇一頁）と指摘しているが、その点ではこの交渉を一方的なものとし歪め難航させた関東軍・軍部の「専横」とそれを黙認した政府の「弱腰内政」にこそ最大の責任があった、と言えるであろう。

32. ちなみに右同書のなかで、「千四百八十余名の決起部隊は、警視庁、首相官邸、陸軍省、参謀本部など桜田門、虎の門から三宅坂の一帯を四日間にわたって制圧・占拠した」（二〇二頁）と記されている。

33. 近衛新体制の下で四〇年に発足された「大政翼賛会」。当初は観念右翼や革新右翼あるいは旧政党人や社会大衆党の間で、反対・賛成のおよび批判・反批判の、さらには人事をめぐっての攻防が繰り広げられた。なお詳細については、『帝国の昭和』（二五九〜三〇三頁）を参照。

34. 主として巻末『アジア・太平洋戦争』第五章参照。

35. 巻末『アジア主義』（筑摩書房）三八四〜四一〇頁。

36. 「ヨッフェ君に訓ふる公開状」（二二年五月九日）（『北一輝著作集』第二巻）三九七〜四〇七頁。

37. 北は、『佐渡新聞』（『北一輝著作集』第三巻七六〜八四頁）の「日本国の将来と日露開戦（再び）」（M三六年九月）で、独露はもとより、自由主義を掲げ、ボーアを滅ぼした英国や、モンロー主義を曲解してフィリピンを奪った米国の帝国主義を批判しつつ、他方「日露開戦の一挙は吾人日本民族の膨張すべき楽園を与ふる者なり」（八四頁）と言って、日本帝国主義を称揚している。後にこの一方的な弁を積極的に公言しなかったが、憲兵隊調書（七回聴取書）では、当時の主張を是認している。

38. 「幸徳秋水宛」（〇六年一一月三日）（『北一輝著作集』第三巻）五〇七頁。

39. 「自殺と暗殺」（〇六年一一月一〇日）（右同書）一三七〜八頁。

40. 巻末図書『宮崎滔天・北一輝』所収（抄）。

41. 右同書所収（四九九〜五〇一頁）。なお万世一系の国体論とは、まさしく「中世キャンセル史観（『「戦前」の正体』四四頁他）に相当。

42. 渡辺栄二が巻末図書『北一輝』の中で、「彼の主張する第二維新革命は、天皇制支配の廃絶を第一の任務として含むものであった。もちろんそれは禁句であるために、彼はその天皇制止揚の論理をきわめて細心に埋伏したけれども、…」（三七頁）と述懐している。

43. 嘉戸は『北一輝・国家と進化』（二六五～六頁）の中で、「むしろ真の絶対者は（天皇ではなく）、北自身ではないか」、また「…北独自の真理の下に同化を進める」などと解説しているので参照。

44. 三民主義とは、民族主義（漢民族の独立回復）と民権主義（民権の拡張による共和政の樹立）と民生主義（経済改革による民生の安定）を一体とした改革を目指す思想であり、孫文はこの主張を機関誌『民報』によって宣伝した。なお孫文のこのような民主的な考えは、アメリカ独立宣言を参照としており、北はこのような孫文の「アメリカかぶれ」を嫌い、「米国開墾事業の模倣」（『支那革命外史（抄）』『宮崎滔天と北一輝』六〇三頁）とまで言って非難している。

45. 巻末『北一輝著作集』第二巻参照。

46. ちなみに大川周明は、社会主義、マルクシズム、キリスト教、仏教、インド哲学、回教そして日本教（大和魂）と多岐に渡り思想的・宗教的な研究を行ったが、哲学的洞察力が乏しかったため各々の連関が希薄となり、結局「転向」を重ねることになった。そのためか彼の政治イデオロギーは、「国体」論が合理的に解釈されたが、国家統制社会主義、ウルトラ皇国主義、土着的民族主義、アジア主義が混然一体となり、思想的統一性を欠いた。彼が対偶的な全体主義すなわち日本帝国体制とレーニン・スターリン体制を自己矛盾なく同時に支持し称賛するというアクロバットを演じたのも、そのためであった（巻末『アジア主義』他参照）。彼の雑な思想は、北の卓越した革命思想には到底及ばなかったのだ。

第四章　「世界人民」、「新しい唯物論」、そして「死刑の前」に

──二一世紀の超怪物：ネオ帝国主義──

世界戦・冷戦・グローバル資本

第二次世界大戦の主要な経済的要因に、二九年のニューヨーク発の株価大暴落に始まる銀行破綻の連鎖や失業者の増大が世界各国に波及した世界金融大恐慌があった。西欧列強は、対策として排他的なブロック経済（保護・閉鎖主義政策）で、また震源地のアメリカはニューディール政策を以て対応し、各々一定の鎮静化に成功した。が特に国土も植民地も小さな独・伊・日は窮地に陥った。そしてこの経済的窮状に高まる民衆の不安を背景に、各々国内においてファシズムが台頭していった。なかでも第一次大戦の敗戦後すでに革命により王制を廃しワイマール共和政の下で欧米とも協調するようになったドイツになおも過大な賠償金が課せられ、国民生活はまさに切迫した。してこの機を巧みに利用し、社会主義諸政策を掲げ台頭してきたのがナチスであった。ドイツ国民はナチスを救世主のごとく歓迎し、信任を得た党首・総統ヒトラーは、三三年に共和政を捨て全権を掌握し、独裁専制、ユダヤ民族浄化、覇権拡大のファシズム政治を断行していった。

同年ナチスはドイツに軍備平等権が認容されないことを理由に国際連盟を脱退すると、三五年にザール地方の併合と同時に再軍備を宣言し、三八年にオーストリアを侵略・併合し、ズデーテン地方の

併合を皮切りにその他の地方を次々にドイツの保護国とし、三九年にはチェコスロバキアを解体させた。さらにその鉾先がポーランドに向かったが、そこには第一次世界大戦時にロシア革命を成し遂げ社会主義計画経済の下で、しかも世界恐慌に影響されることなく工業化を推進させていた大国ソ連が控えていた。他方英・仏がドイツの侵攻からポーランドの独立を守ろうとしていたため、ナチスは三九年に独ソ不可侵条約を結んだ。この条約はソ連にとっても、かつて反ファシズム統一戦線を呼びかけたコミンテルンが独裁者スターリンの一国社会主義論（二五年）によるソ連の国家主義的功利に従うものと見透かされ大きな呼応も成果も見出せていなかったため、ドイツ・ファシズムの猛攻を前にして、まさに自国・自政権保護のための渡りに船となった。ある意味これは各々帝国主義国家間の、またヒトラーとスターリンの独裁国家社会（共産）主義政権間の、覇権拡大のためのウィンウィンの「闇取引（密約）」であった。

もはやあるのは戦争の攻防のみ。そうしてナチスの宣戦布告なきポーランド侵攻の開始と、英・仏両国の対独宣戦布告を以て、三九年九月に第二次世界大戦が始まった。ナチス・ドイツ軍は速やかにポーランドに侵攻し、当国土をソ連と分割占領した後、デンマーク、ノルウェー、オランダ、ベルギーへと進撃し次々と降伏させ、そして主敵フランスへ侵攻しパリを占領した。このドイツ軍によるパリ占領は、三九年にアルバニアを併合していたイタリア・ファシスト党ムッソリーニ政権をドイツ側に参戦させ、さらに華中から華南を侵攻していた日本帝国軍をインドシナの仏領や蘭領に目を向けさせた。四〇年に対米戦略を念頭に日独伊三国同盟を結び世界戦に加わった日本軍は、四一年にさらに日ソ中立条約を結び、対アジア南進侵略計画から太平洋戦争へと突入していった。他方対独条約を結んだソ連もまた、三九年にナチス・ドイツに少し遅れてポーランドに侵攻し分割占領した後、さらにフィンランドに宣戦した。ソ連のこのような覇権拡大行為に対し、英・仏が率先して国際連盟からソ連を除名した。しかしソ連はそのような制裁をも無視し、四〇年三月の対フィンランド講和条約でカレリア地方を獲得しそこに軍事基地を置くと、六月にエストニア・ラトヴィア・リトアニアのバルト三国に侵攻しいずれも併合した。さらにソ軍が一〇月にルーマニアの一部を占領し、バルカン半島へと侵攻するに及び、ナチス・ドイツはソ連の覇権拡大に脅威を感じ、ついに四一年に不可侵条約を廃棄し、ソ連への攻撃を開始した。

独・ソ戦は、ある意味統制国家社会（共産）主義帝国間の戦争であって、民主共和制帝国であった英・仏、さらに武器貸与法（四一・三）によって英・仏を援助し、自国を「民主主義の兵器廠」（ルーズベルト大統領）と呼び、アジア・太平洋戦争を皮切りに参戦した米帝国にとっては、それはたんなる内輪の覇権争いにすぎず、ある意味両国とも「敵国」であった。しかしソ連政権のスターリンは狡猾であった。ドイツが攻撃に転ずるやいなやすかさず英および米と軍事協定、武器貸与・借款および相互援助などの条約を取り付け、さらに四三年には、ロシア革命後に植民地帝国主義に対峙し結成したコミンテルンを廃棄し、戦局を有利に導いた。それはスターリン自らの独裁政権国家を死守するためのまさに形振り構わぬ戦略であった。そしてこの戦略の「成功」が、戦後の国際社会に共産主義勢力のプレゼンスを高めることにもなった。戦後の「冷戦」は、こうしてナチス・ドイツに仏を占領された英・米が、覇権主義的共産主義国家ソ連の策略を受け入れざるをえなかった、あるいは受け入れてしまった時点から始まっていた。

なお大戦の終結は、四五年の米・英・ソによるヤルタ会談に従い、まもなくナチス・ドイツが無条件降伏し、ドイツの民主化（ファシズム・軍国主義の解体）を以て進められた。しかし前章でも述べたように、連合国となったソ連は敗戦が決定的となった日本に対し、なおも日ソ中立条約を廃棄し参戦し、日本のポツダム宣言受諾の後まで千島列島占領の軍事行動に及び、結局北方領土（択捉島、色丹島、国後島、歯舞諸島）を占領し、勢力圏拡大に及んだ。このような帝国主義丸出しのソ連は、それでも連合国というだけで戦後は国際的権威（国連の常任理事国）を獲得し、新たな覇権帝国主義の途を歩んでいった。

史上最大の世界戦を体験した国際社会は、軍縮会議などを行い、さらに戦前の国際連盟の不備・不足を補い新たに国際連合を組織するなど、世界平和のために欧米のリベラル派を中心に植民地政策を反省し、民主的な協力と努力を重ねていった。結果各国各地で様々な植民地の独立運動や民主化革命運動が活発化し、独立国家や国民国家が急速に増加し国連加盟国も増え、植民地帝国主義がしだいに衰退していった。しかし戦中の連合国内の欧米とソ連との「対立」が戦後処理に尾を引き、両陣営の敗戦国に対する新旧諸地域の分割領有や支配をめぐり、代理戦争さながら干渉・介入による覇権争奪へと発展していった。国連もまた常任理事国の間で当初米・英の国力が圧倒している間目立っていなかった対立が、ソ連が国力（特に軍事力）を増すにしたがい深まり、世界平和機構としての機能を果たせなくなっていった。とりわけソ連共産党の覇権主義は凄まじく、徹底した国内統制をはかると同時に、対外的には近隣諸国特に東欧諸国を侵犯しソ連の衛星国とし、さらに資本主義国家陣営内の共産主義革命および党活動を支援名目に支配し、上下・内外から自政権の支配を拡大させ、世界制覇を目論んでいった。

欧米を中心とした資本主義・自由主義西側陣営は、このようなソ連の急速な覇権拡大に脅威を感じ、いわゆる共産主義の封じ込めをはかり、四七年にマーシャルプランを以てソ連経済の参入を打診した。しかしスターリン政権が同年これを拒否し、コミンテルンに代わるコミンフォルムを新たに結成し、さらに四八年にベルリン封鎖、四九年にマーシャルプランやＯＥＥＣ（ヨーロッパ経済協力機構：四八年）に対抗し、ＣＯＭＥＣＯＮ（経済相互援助会議）を成立させた。そこで見切りをつけた西側はすかさずＮＡＴＯ（北大西洋条約機構）を組織し、ＣＯＣＯＭ（対共産圏輸出統制委員会）を設置した。こうして西側の資本主義・自由主義圏と東側の共産主義・統制社会主義圏が対峙し、四九～五〇年には、ソ連の支援による中国の共産党政権誕生と中ソ友好同盟条約の締結を経て、地球世界は東西を分断する冷戦体制を確立した。五〇年代以降は、米・ソ覇権を争う朝鮮戦争（五〇～三年）、ＮＡＴＯに対抗するソ連を中心としたワルシャワ条約機構の結成（五五年）、東欧民主化運動に対するソ連の介入（ハンガリー事件やポーランドのポズナニ事件：五六年）、また米・ソ核戦争を予期させたキューバ危機（六二年）、さらには諸列強（日・仏・米・ソ・中）の執拗な介入・干渉の加わったヴェトナム戦争（六五～七三年）、そしてチェコの民主化運動に対するソ軍の介入（六八年）など、世界は混沌とした状況を呈していった。

なおこの「混沌」は、国連をも翻弄させた。たとえば西側陣営の覇権主義を象徴するスエズ動乱（五六年）。スエズ運河の国有化問題（エジプトがダム建設資金援助を英米に撤回されたことへの報復として運河の国有化を発表）をめぐり、なおも植民地帝国主義然たる「国民国家」帝国英仏が、エジプトに軍隊を派遣し攻撃を加え、スエズ戦争へと発展させ、世界を「スエズ危機」に直面させた。この帝国主義的な英仏に対し、ソ連が厳しい報復書簡を送り、さらに国連も強い批判を投げかけ、結果英仏軍は戦闘を一週間で中止せざるをえなくなった。民主・共和国家であれ、ヴェトナム戦での米軍の横暴が象徴するように、西側の帝国主義も根深かった。とはいえ国家主権が非民主的なソ・中の専横はその先をいく。実際英仏を諫めたソ連が、同時期に発生したハンガリー事件で、反政府運動（一党独裁の廃止と自由選挙を公約としさらにワルシャワ条約からの脱退と中立を宣言する民主化運動）が、民主的なナジ政権を誕生させたのに対し、国連の忠告を無視しハンガリーに武力介入し、再び保守的なカダル政権に代えさせた。

五三年にすでに独裁者スターリンが死去し、西側の帝国主義の退行とともに、後継者フルシチョフが非スターリン化を進めコミンフォルムの解散を行っていた、にもかかわらず共産党政府はハンガリーに軍事介入したのである。結局個人独裁から共産党独裁に戻っただけであった。しかし各国で民主化運動が高まり、ハンガリーのカダル政権もしだいにワルシャワ条約の枠内ではあったが非中央集権化と自由化の政策を推進させていった。ソ連でも民主化の兆しが見え始めたが、しかし共産党はいまだレーニンの反・金融資本主義・植民地帝国主義論と「プロレタリア独裁」論を踏襲したままであった。ちなみにレーニンは『資本主義最高の段階としての帝国主義』[1]のなかで、「資本主義は、一握りの「先進」国が地上人口の圧倒的多数を植民地的に抑圧し、金融的に絞殺する世界体制へ成長転化した」（一八三頁）と解釈し、この体制を「新しい帝国主義」とみなした。そして「新しい帝国主義は、…政治的拡張と商業的利益を求める同じ欲望にみちびかれて競争し合う複数の帝国の理論と実践をあらわにし、また金融上の関心や投資をめぐる関心が商業上の関心に優越している点である」（三六六頁）などと分析し、かかる帝国主義を資本主義の「最高」の独占段階であり、「社会主義革命の前夜」であるとみなした。だが彼のこの「前夜」は、「世界の有価証券総額（一九一〇年）の約八〇％を占める英・米・仏・独の列強に相当する」（三三四頁参照）が、かかる金融資本の債務者・貢納者であったロシアには当てはまらなかった。ところが彼は、この「前夜」を自国の社会主義革命の必然性に引き寄せた。結果誕生した社会は、平等な社会への幻視のなかで政治的自由も経済的自由もない、統制経済と専制政治によって支配された全体主義社会であった。ラジカルな民主化革命でなく、たんなる非スターリン化だけでは何ら根本的な変化ももたらさなかった。

ソ連や中国のいわゆる社会主義計画経済は、経済恐慌に左右されず一定の経済的成果を収めることができたが、上からの統制的な経済ゆえにモチベーションが上がらず、自ずと労働生産性に限界があり、国民総生産も低迷状態にあった。他方西側の欧米中心の自由主義金融経済は、植民地主義が退行し新たに誕生した多数の独立国を生産拠点や市場とすることで、また社会主義的な政策をも取り入れることで恐慌を乗り越える術を獲得し、さらに政治的経済的自由を担保させることで一層生産性を高め、国民の所得格差を拡大させつつも国民総所得をアップさせ、「社会主義革命への前夜」となることなくむしろ社会主義・共産主義国家をも巻き込むかたちで、グローバルな資本主義社会を構築していった。

西側のグローバル資本の勢いに促され、八六年にソ連でゴルバチョフが「ペレストロイカ（古い計画経済に代わる市場原理導入を目指す改革）」に基づき独立採算制や自由候補選挙制の実施とかかる改革を支える「グラスノスチ（情報公開）」に踏み切り、自由と民主の上からの民主化革命を推進した。一方中国でも鄧小平、胡耀邦、趙紫陽達共産党指導部が中心となり、七八年に日中友平和好条約を締結すると、以降「四つの現代化（農業・工業・国防・科学技術の近代化）」を中心に改革開放を進め、八五年には人民公社を解体し、外国資本の導入などの経済改革を行い、西側に門戸を開きグローバル資本主義に参入していった。そのようななか九一年にワルシャワ条約機構が、次いでソ連邦が解体（CIS：独立国家共同体が発足する）し、冷戦が終わった、かに思われた。しかしそれは、八九年の中国の天安門における鄧小平主導の、また現ロシアのプーチン政権による反政府民主化デモ弾圧が象徴するように、いずれも開放は経済に限定的であって、政治的な統制はなおも今日に持ち込まれ、核開発も加わり、「専制・独裁」対「民主」というネオ冷戦が、世界の危機を一層強めている。

地球を破壊する帝国主義

世界大戦前に、日本の天皇制帝国はソ連の国家共産主義やナチスの国家社会主義の統制経済を参照に、軍統制の国家社会主義経済を推進させていた。また世界恐慌を体験した欧米列強の植民地主義帝国もまた、資本主義に社会主義政策を取り入れ、修正資本主義帝国へと舵を切っていた。こうして世界は実は大戦前からすでに、幸徳が称した「二〇世紀の怪物：帝国主義」から国家社会主義帝国主義へと「発展」し、資本主義国家と社会（共産）主義国家間の境界が飽和化していた。大戦はしたがって、当初は独、日、ソを軸とした専制的統制的な帝国と、欧米の「民主・共和」の植民地帝国の間の帝国主義戦争であった。だが専制独裁的なドイツや日本のファシズム政権の侵略に対し、米・英の「民主・共和」の政権はあくまでも防衛的なスタンスをとった。ところが前述したように、ソ連は大戦中狡猾に立ち回り、専制国家にして連合国側につき援助を受けつつ覇権的な行動をとった。戦後世界の最大の問題はまさにこの点にあった。くしくもホロコーストに及ぶヒトラーの独裁政権の誕生と同時期に、ソ連でスターリン独裁政権が大量粛清と計画経済の躍進（特に工業生産）を同時進行させ、一国社会主義と覇権主義の政治的意思を表明した。スターリンの狡猾・残忍さはヒトラーをも凌ぐほどであった。敗者ヒトラーは自殺に追い込まれたが、勝者となったスターリンは誰にも裁かれることなく、最高権力を掌握したまま国葬の栄誉を以て最後を飾った。

戦中・戦後の、連合国・国連を主導した米・英の主たる「失敗」「罪悪」を三つ挙げるならば、一つ目は専制国家ソ連を連合国に引き入れ支援し、戦後国連安保理の常任理事国としたこと、二つ目は国連憲章軽視の戦勝国絶対の、しかも「無期限の常任理事国」制度を導入したこと、そして三つ目は、米国が核実験（マンハッタン計画）を行い、核を使用したことにある。ちなみに日本軍政府の執拗な抵抗を断念させた当時米国の核の威力は、それまでの軍事兵器の破壊度を一気かつ大々的なレベルにまでアップさせた。そしてこの「狂気」の兵器を、戦後ソ連筆頭に専制・独裁国家が手に入れることによって、帝国主義は新たな段階に入っていった。五二、三年に米・ソ各々が核実験を繰返し、核保有を増大させ、それに中国をはじめその他の諸国家が追随した。そうしてソ中と欧米を中心とした二大陣営が核開発を軸に軍拡競争を推進し、前述のキューバ危機で見られたような、冷戦が地球破滅を招く第三次世界大戦の脅威を現前させた。

キューバ危機以降も軍拡・核開発競争が促進されたが、それでも戦後世界の民主化の高まりや七～八〇年代にかけての資本主義のグローバル化により、東西の対立が収束していく兆しも見せた。しかしそれは経済面に限定的で、ソ・中の政治の民主化は果たされず、他方すでに核の威力は広島・長崎に投下された原爆の一五〇〇倍とも三〇〇〇倍とも言われるレベルに達している。そして現在我々人類は独裁的覇権勢力とかかる核の凶器（狂気）とが結びついた、まさに地球を一挙に破壊する「二一世紀の超怪物：ネオ・帝国主義」の恐怖の時代を生きている。核保有・増大は「民主・共和」の帝国においても見られるが、民主的なシステムのない、また機能していない専制・独裁帝国では、そのリスクは数段倍加する。

ところで現代の超怪物：ネオ帝国主義の世界を生成させた米・露（ソ）両大国の核兵器所有数は、世界全体の数（一三〇〇〇発弱）の約九割を占め、各々がそのほぼ半数を所有しており、他の諸国家を圧倒している。ただし先行行使の確率は、独裁・専制のロシア政権のほうがはるかに高い。グローバルな資本からの借款・技術援助を受け社会（共産）主義の旗印をも捨て、国民国家への移行とともに自国の経済力をアップさせてきたロシア。しかし専制的な政治体制から脱却できないまま再び全体主義国家へと逆行させたプーチンの現ロシア政権は、大量の核兵器所有の下古い帝国主義を質的軍事的にグレードアップさせ、さらにＩＴ・ＡＩの高度科学テクノロジーを身にまとい、地球破壊へのクライシスを高めている。地球の寿命による爆発は、宇宙の悠久なる生滅過程から俯瞰するならば、たんなる一個の惑星の「終了」にすぎない。しかし地球の爆発や凍結が宿命であったとしても、それは気の遠くなる科学的な「話」であって、それを我々人類の手によって早めるほど愚かなことはない。我々は「世界人民」という新たな自覚の下で、このかけがえのない地球上の共生（棲）を阻むいかなる覇権主義的な行為をも止めさせなければならないのである。

さしずめなすべきことは、独裁・専制国家の民主化運動の弾圧を制し、同化政策および覇権行為を断念させることにある。そのためには特に大帝国である露・中の民主化（革命）が必須となる。ソ連の秘密警察ＫＧＢ（国家保安委員会）出身のプーチンによるチェチェン侵攻、クリミア半島侵略、シリア民主化運動への爆撃投下、反体制的な活動家やデモへの弾圧、そして今日のウクライナ侵攻の、また中国共産党政権によるウイグル地区住民の自治活動に対する、また天安門での学生の、さらに香港での民衆の民主化自治運動に対する弾圧、南沙諸島での軍事的支配拡大、台湾に対する軍事的威嚇の、各々一連の野蛮な覇権行為をストップさせなければならない。

本書冒頭でも述べたように、二〇二二年二月に突如プーチンの軍隊がウクライナに侵攻した。西側欧米はこのプーチン政権の一連の蛮行に対し一斉に非難を浴びせ、一致団結してウクライナを支持し、武器供与を開始した。苦渋の選択ではあるが、不可避の対応でもあった。なおこのとき、バイデン米大統領によってプーチン政権に対し放たれた「野蛮」「悪魔」「ジェノサイド」「独裁者」といった怒りの言葉に対し、これまで革新的と思われていた人達のなかから、「口汚い言葉」「侵攻の歴史的背景を冷静に学ぶべき」「プーチンさんはもともと理性的」「経済制裁を受けているロシア国民も大変」「人気とり」「情緒的ファシズム」などといった非難の言葉を耳にした。ウクライナの惨劇を目の前にして、「何をか況や」である。

というのも私もまた、イスラエル国家主義右派政権に毅然とした態度のとれない、それゆえそれほど信頼しているわけでもないバイデンではあるが、そのプーチン非難に同調し、当時「悪魔が来りて笛を吹く」思いに駆られ激高したからである。先ずはこの「怒り」を共有し、プーチン政権の侵攻を食い止め、押し戻し、さらに弱体化させていくなかで、侵攻に至る歴史的背景を、同時に彼の歪んだ過去の栄光にしがみつく「妄想」や「執念」を明らかにしていかなければならない。そして必ずやかれらを「世界法廷」に立たせその前でかれらの人類冒瀆の戦争犯罪を裁き、その重き代償を支払わせなければならない。再び戦前天皇やスターリンがいかなる責任も裁きも受けず、自らの権威をまとったままで生を全うするなどといった歴史を繰り返さないためにも。とはいえかれらの犯罪は、かれら個人にのみに還元されるわけではない。それは何よりも「愛国心」という名の宗教的感情を以て洗脳され支持する大勢の国民との共犯によって成り立っている。テレビ画像に流れる、侵略され蹂躙され破壊され続けているウクライナの人達の恐怖と刻苦の非日常性と、侵略している側のそれほど変わらない日常性との間の非対称的なギャップ。個人の妄想や邪念からくる権力者の一声が、数万人の命を奪ってしまうという「闇（病）」の現実。核兵器で守られた独裁政権は鉄壁の存在。戦いに負けないかぎりいかなる残虐な行為も裁けないというジレンマ。そして「怒り」の共有が時間とともに希薄化され、すべてが主権国家間の問題として処理され、批判精神が弱められていく。国家と人間の、この繰り返される負の習性と連鎖。まさにウクライナ侵攻の現実は、不条理と矛盾に充ちている。

だがすでにいくらかの識者達も指摘しているように、このウクライナに対するロシアの帝国主義の侵略の現実は、かつての日本帝国皇軍による対朝鮮・中国侵略の「現実」と合わせ鏡になっている。ロシアによって侵略されたウクライナの悲惨な現実が、日本皇軍によって侵略されてきたアジアの悲惨な現実を、また侵略する側のロシアの国民が愛国を讃える姿は、同様に愛国主義を以て国民が翼賛していく日本の当時の姿を映し出している。映し出された瓜二つの現実。しかし破壊の規模・強度においては現ロシアの超怪物：ネオ帝国主義は戦前日本の帝国主義をはるかに上回り、世界に及ぼす脅威ははかり知れない。プーチンはその点をよく心得ており、核兵器使用の威嚇を以てウクライナを支援する諸国を恫喝し、戦局を有利に進めようとしているのだ。

西洋近代の洗礼を受けた人類は、高度科学技術の発達と情報の世界拡散度を高度にアップさせ、生活の利便性や快適さを享受してきたが、「世界人民」としての自覚や知（智）をほとんど向上させなかったために、かかる恩恵の享受の格差拡大に、そして何よりも核をはじめ大量殺戮兵器による地球世界破滅への危機に鈍感な国家権力者達をのさばらせてしまった。して今もなお国家主義者達はネットを介して民主的な人々を「非国民」と難じ、「愛国心」をひたすら強制するスタンスを崩していない。幸徳が指摘し批判したように、日露戦争時の日本国内のまさに熱狂的な「愛国心」は、朝鮮や中国の民衆の日本軍による多大な犠牲を煽り歓喜するおぞましい感情であったことを、改めて現在を生きる我々がこの度のロシアの対ウクライナ侵攻による両国間の不条理な現実から学び、反省しなければならない。

ウクライナの闘いは、「愛国心」ならぬ自治独立の精神あるいは「郷土愛」による抵抗の闘いであり、またそれ以上に自覚あるウクライナ人が訴えているように、何よりも「民主主義」を守る闘いであることを全世界の人々は銘記しなければならない。このロシアの対ウクライナ侵攻の結末が、ロシア政権内部の弱体化および崩壊をもたらす西側の攻勢とロシア国内外の反体制派による民主化運動が連動して政権交代の実現に結びつくことが最も望ましいが、それはたんなる希望的観測にすぎない。せめてプーチンよりも寛容な人物による政権交代劇が生起することが望まれるが、しかしその気配も全くない。繰り返されたヒトラー政権打倒のクーデターが結局成功しなかったように、独裁専制体制を内部から崩壊させることはいかに大変なことか。しかしだとしても民主化革命の続行と支援は必須であることに変わりはない。

大統領任期延長の法案を勝手に通過させ、あくまでも権力にしがみつき、巨大なロシア帝国の再現を求めるプーチン。かつての北一輝の指摘を彷彿させるかのように、彼のアナクロニズムな妄想・執着・野望は、自らが願望するロマノフ王朝時代のピョートル大帝（一世：一六八二年～）を継承する。ピョートルは産業や軍事技術の西欧化をはかるとともに、ツァーリズム（絶対王政）の確立に努め、この啓蒙化された彼の帝国主義の野望はロシア大陸の南方および東方への領土拡大に及んだ。そして皮肉にもその野望が、かつてツァーリズムと闘ったスターリンそしてＫＧＢ出身のプーチンに受け継がれたのだ。

大逆事件から一〇〇年後の現在

幸徳は、自らの死刑執行の二週間前に、彼に「大逆事件」の感想を尋ねていた弁護人宛に、「…いおうとしても、いうべき自由がないのです。思うに百年の後、だれか私に代っていってくれる者があるだろう、と考えています」という手紙を認めた。[2] 幸徳はここで、自らが生き殺された明治という時代から一〇〇年後の、戦後の二〇世紀後半から二一世紀初頭に及ぶ「現代」を生きる我々に向けて、「明治維新とは、天皇制とは、そして何よりも大逆事件とは一体何であったか」を問い、その真相の究明と答えを求めているのだ。この彼の最後の諦念にも似た魂の問いかけに対して、現在もなお、国内的には「大逆罪」という倒錯の根源にあった天皇制を引きずり、国際的にも幸徳の生きた帝国主義時代をはるかに超える地球破壊の危険をはらんだ超怪物：ネオ帝国主義の時代を生きている我々は、一体いかなる答えを用意しいかに応えていくことができるか、改めてこの点について考えてみたい。

私はこれまで幸徳の思想を反帝国主義、社会民主主義および民主化の思想として表現してきた。中江兆民の下で自由党左派の議会活動を以て出発した幸徳だったが、欧米列強の影響により勃興してきた帝国主義の「闇（病）」や資本主義の矛盾が明らかになり、さらに体制・組織内の中央集権的な独裁・専制の「毒手」を察知するに及び、彼は体制内的な組合活動や議会活動の「限界」を自覚し、反帝国主義、社会民主主義および民主化の思想を懐き、「無政府共産」や「革命的サンジカリズム」「直接行動論」を主張するまでになった。維新政府は、幸徳達が「皇国」および「国体」を非政治化したままで反帝国主義戦争や社会主義を主張している間は、弾圧に手加減したが、国体を侵犯する無政府主義を主張するようになると、日本帝国を根本から否定するものとして激しい弾圧を加えるようになった。してその極め付きが、政府がフレームアップし人民の「大虐殺」に及んだ大逆事件であった。なおこの事件については、戦後識者達によって詳細な分析、検証、評価などが行われ、事件の真相や実像がかなり明らかになった。いずれにせよ殺人未遂に対する嫌疑だけで死刑に処すという国家の「大逆」行為は、国家テロと言うほかない。天皇が神聖な存在だから、国家が神代の国家だから天皇を貶める行為は超法規的な厳罰に相当する。であるならば、そこではいかなるデモクラシーも政治的自由も成立しないであろう。

かくして大逆事件が日本帝国主義史の分水嶺となり、幸徳をはじめ平民社運動を壊滅させた皇国日本大帝国は、資本主義、民主主義そしてあらゆる社会主義運動・維新革命をも呑み込みアジアを侵略し、日米戦争・世界大戦へと突入していった。幸徳はかつて日米開戦とその悲惨な結末を予想し危惧した。しかし実際の日米戦争は、おそらく彼の予測や危惧をはるかに超える規模の膨大な破壊と犠牲をもたらした。ところが前述したように、皮肉にも敗戦の後に、幻の第二維新民主化革命が、敵国であったアメリカの民主化政策の下に、米・日政府の「上」「外」権力を介して、膨大な人間の屍を代償に成就した。戦前・戦中民衆の自由を拘束してきた治安維持法をはじめ絶対天皇制や軍国主義が廃止され、憲法には主権在民と戦争放棄の9条が明記され、幸徳がかつて一縷の憧れを懐いていたアメリカの民主と自由の精神が制度化され、さらに何よりも帝国主義の全否定が民衆に誓約されたのだ。そうして戦後日本の社会に政治、労働および教育など多くの分野で民主化が進められた。しかし天皇は「絶対」から「象徴」に変わっただけであり、政教分離により神道が国家から制度的に分離され、天皇に対する「不敬」だけで重罰を科されることはなくなったが、統合的権威は受け継がれ、現在もなお国民や憲法に「君臨」し、なおも「不敬」は許されないというタブー言説が政府・議会・マスコミを支配している。

戦後日本の新憲法作成にあたり、いくらかリベラルな幣原喜重郎や松本烝治（一八七七〜一九五四）達新保守政治家達は、天皇の「戦争責任」さえ問われるべきこの期に及んで、なおも天皇主権の国体護持を必須条件として、民主化政策を推進する米国GHQと交渉に臨んだ。これは「珍事」か「固陋」か。結局かれらは、GHQの主権在民・平和主義・基本的人権の尊重を原則とする考えを受け入れる代わりに、天皇「裁可」の特権（任命権）と皇室典範を認めさせ、そうして天皇制（象徴）を是とする新憲法を作成し、実質米日協働による第二維新民主化革命を成就させた。なお戦争放棄の憲法9条は帝国主義を完全否定するものであり、その点では幸徳の反帝国主義の精神とも合致するが、象徴天皇制「国民国家」は、かつて大隈や福沢や渋沢達が範としたイギリスの国家体制に類し、天皇制廃絶を求めた幸徳はいうまでもなく、「国民の天皇」を「過渡的措置」として考えていただろう北にとっても、決して本来の「公民国家」ではなかった。このような折衷と妥協の産物としての戦後日本の国民国家形成には、日本保守層の働きかけだけでなく、実は米政府・GHQ内部の対立構造（ダブル・スタンダード）が関係していた。

日本の占領下において、マッカーサー元帥（連合国軍最高司令官）の裁可が絶対的であった。彼は民主化の任務と、過激な社会主義運動を抑制するという米政府の意向に従い、「象徴天皇制」という利用カードを切ったのだ。当時GHQ内では、民主化の徹底を指揮する民政局（GS）と、軍事戦略に関わる「情報・治安」担当部局（一般参謀本部第2部：G2）に分かれ、結果アメリカの人権・民主と覇権・軍事の二律背反的な思想や方針が戦後対日占領政策に大きな影響を及ぼした。[3] しかし実際にはGHQ内の対立は後者（G2）優位に展開し、米日両政府の国家内外の覇権と支配のための利益線上に、米軍部の「極東」戦略（サンフランシスコ単独講和・在日米軍と日米安保）と、日本の保守支配層の必須カード（「天皇制」の継承）とがマッチングし、結局当初のラジカルな民主化政策が後退し、穏和にして保守的な国民国家形成へとシフトしていった。

なおこの戦後の保守的な国民国家形成に最も大きな影響を及ぼした人物に二人の首相経験者――対日占領政策に協調し、四六年の日本国憲法の公布、五一年のサンフランシスコ講和条約・日米安保条約の調印を行った吉田茂（一八七八～一九六七）と、後にこの一連の日米による戦後体制を批判した、元A級戦犯容疑者（東京裁判）にして国家社会主義者の岸信介がいた。両者とも天皇制擁護という点では共通していたが、意外にもこの「擁護」には北一輝の真意（脱天皇制・擬国家社会民主主義）を解せない北の弟の晧吉と北の「国家改造論」を推奨した大川周明が関わっていた。つまり晧吉が国家主義色の稀薄な吉田に天皇制存続を教唆し、大川の皇国主義的な国家社会主義が岸に受け継がれた。して戦後の最大の問題は、吉田がGHQ：GSに親和的で、自由主義経済と民主主義的な平和国際協調を重視したのに対し、岸がGHQ：G2に取り入り、なおも戦前の軍国主義の聖戦イデオロギーを体現したまま、政界復帰後に日本社会を復古的な方向へとシフトさせていった点にあった。

では一体A級戦犯容疑の岸信介が、いかにして再び権勢を振るうことができたのか。それは、繰り返し述べてきた北の国家社会主義的な思想・イデオロギーに潜む「陽」と「陰」の、すなわち帝国主義（自国）と反帝国主義（特に露国）、国家主義と民主主義の「順逆不二」の思想をバックに、岸がたとえば統制的全体主義（親共）と民主・自立主義（反共）を効果的に使い分ける術を得たことによる。[4]戦前岸は、軍部統制派の官僚として大アジア主義と国家社会主義を取り込み、東条英機の軍国主義政府を支え、太平洋戦争開戦の詔勅に連（副）署し戦争を主導した。彼は東条達とともに、東京裁判で死刑相当として逮捕されたが、彼だけが公職追放・巣鴨プリズン収容だけで釈放された。まさに奇々怪々の顚末だが、そこには岸の、GHQ・G2の反共戦略への後押しなど、自らの立場の狡猾な「使い分け」と立ち回りが功を奏したようだ。そしてその「努力」が実り、自らの延命のみならず、数年後の岸信介総理の誕生（五七〜六〇年）と、六〇年日米安全保障条約の改訂締結（不利・従属のまま）に及んだ。

岸の「使い分け」の技術は、特に対米戦略において有効に働いた。それは、前述したように自らの延命のために「反共」を掲げて「親米」を装い、他方自らの投獄を恨み「反米」感情を募らせ、しかしその感情の鉾先を連合国主催の東京裁判批判に振り向けることで自らの革新性をアピールし、また国内的には「自立」主義に見せかけ日本国民に取り入り、そうして政権を掌握していったのである。米政府が戦後天皇の戦争責任を不問にしたことと、[5]同時にかかる岸の政界復帰を許したことは最大の「誤り」であった。何よりも岸の問題は、狡猾的な立ち回り以上に、彼の世界大戦に対する責任・反省・謝罪が、日本帝国の野蛮な侵略と戦争犠牲者となった多くの日本人やアジアの民衆に対してではなく、敗戦の結果と天皇に対してのみに向けられるという国家主義的な冷酷さにあり、さらにそのような人物を国民が受け入れてしまったところにあった。岸の「自立憲法・憲法改正」という名の戦前憲法への回帰と、「独立」を名目とした再軍備・増強の主張の起源は、まさに彼のこの「倒錯」した精神に由来していたのだ。

こうしてアメリカの矛盾した対日占領政策が、戦後日本の国家主義政権の復活を招き、日本社会の民主化を後退させることになった。岸は日米安保条約改定案締結を、反対派を押し退け強行し、沖縄を拠点に日本の領土・領空・領海を米国の世界戦略の軍事的要衝として提供し、それこそ日本の自治と独立の権利を実質放棄した。六〇年代以降も、かかる日米安保を以て米ソ冷戦のなかへ、日本は米国の危険な世界戦略の要衝として取り込まれ、米軍部の軍産的覇権主義の庇護を受け（実質従属し）、岸政権以後も、岸の親族や皇族に尾を引く佐藤栄作、麻生太郎、安倍晋三達世襲政権が天皇と米軍に「従属」した歪な日本社会を形成してきた。皇国主義と社会民主主義を折衷し巧みに使い分ける、まさに「高度」な政治技術を持った岸は、戦前を想起させる予防拘禁可能な警職法の改訂（警察官の権限強化）（五八年）を目論む一方で、時局の配慮や吉田末流の政治勢力との駆け引きのなかで、戦前の領土（沖縄や小笠原）の日本復帰と平和外交（核拡散防止条約や部分的核実験停止条約の調印や他国との友好平和条約の締結）および国連の非常任理事国入りに取り組み、また国民皆保険・年金制定に道筋をつけ、最低賃金法を制定する（五九年）など、自らを社会民主主義者として粉飾しつつ国際的なプレゼンスを高めていった。

一方民衆は、大規模な直接行動により改訂警職法を廃案させると、六〇年の岸の安保改訂さらには七〇年の安保自動延長（岸の軍備増強と憲法改訂目録を継承し組閣した弟佐藤栄作による）に対する反対闘争を展開していった。二一世紀の現在、巷では戦後民主主義を揶揄する国家主義的全体主義的な気運が高まり、岸の孫にあたる安倍晋三内閣（〇六〜〇七年と一二〜二〇年）によって、憲法改訂が国会の主要な議論の遡上に乗るまでになった。こうして戦後天皇の戦争責任を隠蔽した国家主義者達が勢力を伸張させ、戦後民主主義の思想や制度に対する非難によりかかれらの反動的逆行的なスタンスを露わにし、社会全体を不条理と危機の坩堝に落とし込んでいる。一七年の安倍政権下の、予備・謀議だけで罪に問われる現代版：治安維持法すなわち共謀罪の創設は、まさにその前兆か。幸徳の問いと願いに応えていくためにも、我々はこの趨勢にストップをかけ、旧態依然の国家主義的な自民党中心の保守政権に引導を渡さなければならない。

日本社会の国家主義化が進むなか、ロシアのウクライナ侵攻の数ヶ月後（同年七月八日）に突如、安倍晋三元首相が参議院選挙応援演説最中に狙撃されるという衝撃的な事件が起こった。韓国に本部を持つ文鮮明を教祖とした宗教団体：世界平和統一家庭連合（旧統一教会）に対する、元教団員の教団に対する恨みによる襲撃事件であったらしいが、その影響・波紋は当人の思惑をはるかに超えて、自民党政権を揺るがした。

そもそも統一教会日本支部は、岸信介と文鮮明との「勝共」「反共」の共鳴を以て始まった。しかし当時の文の本心・意図は、「歴史的怨嗟・逆襲」に根ざした反日的な感情による反日「搾取」にあった。にもかかわらず文は、あえてアジア侵略の主謀者岸やその末裔達を支持・支援し、同時に一般民衆の搾取に及ぶという、まさに歪んだ戦略を以て教団拡大を企んだ。ところが「非国民」の言を以て革新派を非難する岸の末裔達は、かかる文の「反日」的な戦略を非難するどころか、彼の政治的支援を受け入れるという破廉恥な行為に走った。なお文の「民衆搾取」の方法たるや、オウム真理教類似の詐欺まがいの霊感商法や信徒への財産寄進強要という、カリスマ‐カルト教的仕儀・仕様によっていた。[6]このような黒い霧のかかった宗教法人の当教団を裁く立場にあった安倍元総理だが、反対に彼は当教団に肩入れし自らが「広告塔」となり、他の自民党議員達をも勧誘し、両組織の癒着を強め拡大させた。そしてそのつけがこの度の襲撃に結びついた。

　こうして日頃「反日」バッシングを金科玉条としていた安倍を筆頭とする国家主義政権と、「反日」的な韓国教団が利権がらみで癒着していたという、まさに笑劇にも似た「珍事」が曝き出された。しかし政府は反省するどころか、低迷する政権基盤の回復のために安倍元首相の死を「利用」するかのように、岸田首相が安倍の国葬を強行し、さらに国内議論を宗教団体との癒着問題からにわかに原発再稼働や反撃能力可能な軍備倍増といった国家主義的主張へとズラし始めた。それは対ロシア・ウクライナ支持などの欧米戦略に沿うという、主権国家としての国際的な正当性を名目にした便乗でもあった。いずれにせよ岸田の「国葬」追悼は、生前安倍がＮＨＫ干渉、森友学園、加計学園、桜を見る会、検事長推薦などをめぐる数々の疑惑をも吹き飛ばしたが、それは大多数（七割以上）の国民の反対を押し退けての強引なまさに茶番劇であり、恣意的な閣議決定により強行された偏見と独断に根ざした、岸田自らの政権・政党・派閥の支配拡大をはかるための儀式・装置でしかなかった。その成果は、ひとえにマスメディアを取り込むことができるかどうかにかかっていたが、確かに安倍死去直後の身内の葬儀では、多くのテレビ画面に司会者やコメンテーター達の喪服姿が映し出されるなど一定の「成功」を収めたが、重ねての国葬発表には、直後に野党側の躊躇が見られたものの、しだいに「国葬反対」の世論が高まり、一時的にせよ岸田政権の支持率を下げた。とはいえ相変わらずのマスメディアを翼賛させる全体主義的徴候は、深刻である。反対デモも今一つ盛り上がりに欠け、若者の参加が少ないだけに、直接行動の重要性を熱心に聴衆に訴えた幸徳の魂の叫びが木霊してくるかのようだ。

現代社会の全体主義的な動向は不可逆的な様相を呈しており、国葬後の七月一二日の参院選では、雨後の竹の子のごとく保守系・右派系の候補者が競って出馬し、またかつて革新派の代表でもあった「連合」トップが自民党議員候補に迎合し「醜態」を晒している始末。参議院選の結果は、自ずと自民党や「維新の会」の保守勢力圧勝で終わるというシナリオ通り。何よりもこの国家主義的な動向にかつて反対勢力の前衛的な役割を担った全国労働組合組織が、すっかり体制内化保守化し、賃金格差拡大、非正規（派遣・パート他）や外国人の労働者に対する差別、正規職員の長時間労働、労働条件の悪化などの労働問題が山積するなか、なおも大企業や公的セクターの労働貴族の賃上げのためだけの、保守政権協働の交渉機関でしかなくなったかのようだ。また労働者予備軍でもある学生達も保守的専門学者集団に飼い慣らされ、議会内社会民主主義政党の退潮とともに労働・生産形態の根本的改革の議論が衰退し、直接行動も市民レベルでのみ散見されるという事態に追い込まれている。この状況はまさに深刻である。

今回の元首相安倍に対する冥福や国葬は、昭和天皇死去（崩御）のときの葬送式典の厳戒態勢、マスコミの自主規制による各局テレビの翼賛中継をいくらかフラッシュバックさせたが、それ以上に問題だったのは、彼に対する国際社会の過大かつ間違った対応や評価にあった。ウクライナ侵攻の「大罪人」プーチンの国際的権威者然とした白々しいお悔やみのメッセージは論外としても、この彼の野蛮な侵攻で無残に犠牲になった多くの人々を差し置いて、国連事務局長が安倍元首相の死去に対し全職員に黙禱を促す映像は、また放送界や司法および学校教育に干渉しさらに国家主義的憲法改「悪」を目論んできた人物に対し、対外的に大風呂敷を広げて親善外交に熱心であったというだけで手放しで頭越しに称賛する映像は、落胆のほかない。彼がなすべきことは、ロシアの国家テロで犠牲になったウクライナの人達への鎮魂であり、せめてウクライナ大統領の「ロシアの拒否権の剝奪」「反ロシア政権団結」の主張（二二・九）を受けての国連改革への意思表明ではなかったか。

大逆事件一〇〇年後の日本の戦後社会は、敗戦直後の壊滅状態から戦争特需や欧米の高度な資本・技術の導入によって目覚ましい復興を遂げた。その間オイルショックやリーマンショックなどがあったものの、現在我々はテレビ、冷蔵庫、クーラー、自動車・新幹線、船舶・航空機、宇宙ロケット、高度医療機械・技術装置、さらにパソコン、スマホ、ＩＴ、ＡＩ（特にチャットＧＰＴ）などスーパー・ハイテク利器に囲まれ超利便的な文明生活を送るようになった。しかしこの一見豊かな生活も、オートマチックな高機能監視・管理システム装置により自由で大らかな我々の生活を犠牲にして成立しているにすぎない。

仮に幸徳が現代にタイムスリップしたら、当初はこの超・高度化、便利化、高速化、高層化された現代の科学技術、交通・社会システムおよび建築物に驚き感嘆するであろう。また明治末期の制度的な差別や徴兵制がなくなり、基本的な社会生活が保障され、充分とは言えないが物的豊かさや自由と人権優位の現実に安堵するかもしれない。だがしだいに彼は、人間や社会の質がそれほど変わっていない現実に気づき愕然とするのではないか。資本主義が証券化しグローバル化したが、他方貧富の格差、詐欺、搾取の実状は変わらず、さらに監視社会、地球温暖化、原発事故の問題、そして何よりも核装置と覇権主義の結託した一挙地球を破壊する超怪物化した帝国主義の出現に驚くに違いない。また依然天皇や皇族さらに上皇までが存在し、相変わらず天皇の「御料地」あり、権威的「統合」支配あり、マスコミは迎合的で、ネット上では人権無視のヘイトスピーチが飛び交っている。幸徳はこの危機と差別の「一〇〇年後の現在」を知りきっと落胆するであろう。

未来へ、思想の再構築を

大逆事件から一〇〇年を少し越えた現在から、さらに五〇年、一〇〇年後の未来の人々に向けて、幸徳の反帝国主義・反専制主義の思想と魂を受けて率直に、人類の存続と共生のために、現代世界の超怪物：ネオ帝国主義の闇（病）に挑み、その不条理とそこに派生する喫緊の課題や危機の克服のために努力を惜しまぬことを切に願ってやまない。ただその努力が、大逆事件や二・二六事件の無軌道な「革命」未遂がそうであったように、実践のナビとなるべき思想や理論に明晰性を欠いては、犠牲多くして成就かなわず報われない。「失敗」を繰り返さないためにも、改めて明晰かつ重厚な思想・

行動の再構築とそのための惜しむことのない努力に期待したい。

ところで本書はこれまで主題に沿い、近現代の世界の動向に絡む「日本」史について記述し検証し、批判的に考察・想像してきた。しかし課題の「思想の再構築」については、著者の見解や展望をいまだ明瞭に語っていない。そこで最後に論点を今一度整理し、幸徳が「欲望」した「新唯物論」を解明し、一つのしかし有意味な思想的参照枠の提示を以て課題に応答し、当テクストのトータルな評価に付したい。

かつて幸徳は渡米する半年ほど前に、巣鴨刑務所の獄中で、自らの出獄後の「欲望」について次の四項目を挙げ語っていた[7]。それは、第一に、国内での演説・集会および編集・新聞発行のために大ホールを建てること、第二に渡米・渡欧により世界の同志達との活動や運動に参加すること、第三には、「一切の世事を断絶して、科学・哲学・宗教の書物をたずさえ、山中にのがれて新唯物論の著述に従事」すること、そして第四に、「北海道あるいは朝鮮で、田園を買い、数百人の農夫と理想的生活をして、静かに天真をやしなう」ことであった。渡米による世界の同志との交流活動以外いずれもほぼ実現しなかったが、それでも投獄・渡米以降の「思想の変化」のなかで、「唯物論」や「理想社会」についての彼の新たな展開が見られた。

思想の再構築という点では、第三の「欲望」(「新唯物論の著述」)が最も重要な検証・考察の課題対象となるが、先ずは幸徳の第四の「欲望」(「理想社会(コミューン)」)への「甘い夢」について、平民社運動当時の農業協同(働)活動の実状を踏まえ、コミットしておこう。『平民社農場の人々』[8]によれば、幸徳が渡米する直前（〇五年頃）に、彼の農本的なコミューン生活の夢に沿うかのように、幸徳や堺の後援により、原子基（一八七九〜一九三三）をはじめ渡辺政太郎（一八七三〜一九一八）と深尾韶（一八八〇〜一九六三）のいわゆる静岡三人組が伝道行商を計画し、北海道の真狩村に入植し、社会主義の伝道の拠点として「平民社農場」の開拓を手掛けた（三三一頁。なお『直言』明治三八年・八月に報告）。しかし農業の現実は、幸徳の「夢」とは程遠く、土地条件や開墾の能率が悪く、その上メンバーの異動（分裂・脱落・参入など）や不慮の災いも重なり、二年後には農場廃止に追い込まれた（一七八頁）。廃止に至る最大の要因はしかし、維新国家体制下の桎梏すなわち原子も指摘した、明治政府の北海道土地払下げ・開拓法（一八八六年）や国有未開地処分法（九七年）などにより華族・政商・上級官僚に肥沃な一等地が安値であるいは無償で払い下げられ、最良の土地のほとんどがかれら特権階級によって握られた点にあった。つまり政府が原住民のアイヌの人達の肥沃な土地を「無主の土地」だとして陰湿な方法で奪い取り、後にかれら富者達につかみ取りさせたのだ。して不在地主となった富者達は、新たに自作農を夢見て渡道してきた農民の多くを小作人にし、かれらの利殖の餌食にした（一一三〜五頁）。結局農地解放なくしてコミューンは成立しないのだ。そこで平民社同志であった農業理論家・実践家の森近運平は、社会主義的農業を目指し、「小作組合の必要性」を訴えた。

渡米前に甘い農業生活を夢見た幸徳だったが、帰国後は彼の唯物的自覚がかなり深まり、以上の大地主制度のトップに天皇が存在することを暴露し批判するまでになった。その内容はいたってシンプルで、大森林の一方的な帝室御料林への編入などにより、林業に生計を立てていた村民達が、懲罰覚悟の伐採をも余儀なくされ、日々苦しめられているのに、「日本一の大資本家・大地主」となった天子（天皇）・皇室の土地は免税され、皇室費は国庫より負担されている、にもかかわらず維新政府は貧しい塩田業者や百姓から多くの税金を徴収し、なおもかれらに勤勉・貯蓄を勧めているという、[9]不条理至極な事実を突いていた。

次に本題の唯物的自覚に関わる最大のテーマ、第三の「欲望」について考察しよう。幸徳の「思想の変化」は彼自身の唯物的自覚の深化とともに、すなわち自らの唯物論の「限界」の認識と新たな社会政治思想の展開を以て始まった。ちなみに投獄以前の幸徳の「唯物論」と言えば、彼の師中江兆民の東西通有の唯物論と後のマルクス・エンゲルスの唯物史観が混然一体となっていて、権威や教条に対する唯物的自覚が明確ではなかった。しかし当局の苛酷な諸々の弾圧を受け、また渡米中にロシアの社会革命党やクロポトキン達の無政府主義およびサンジカリズムから大きな影響を受け、さらに帰国後に「無政府共産」を掲げた禅僧内山愚童の思想にも影響され、幸徳はついには反政府、反天皇、反「宗教」の徹底した唯物的自覚に達した。そうして彼のそれまでの国体論を棚上げし議会主義制度に特化した機械論的解釈や運動論が、労働者大衆による反「国体」の直接行動論へとシフトアップされた。前述（二章）したように、幸徳は当初普選や議会を資本家・資産家階級支配のための器械（機械）であるとみなしていたが、その存在意義を受け入れていた。だがそれに依存するだけでは労働者の権利や利益が保証されない。選挙や議会には買収や解散が絶えずつきまとう。そこで彼は、新たな唯物的自覚に基づき、支配・被支配の上下関係がなく、しかも物理的強度高くして効果大の、無政府的な直接行動論を主張するようになった。
ただし彼は、いわゆるテロリズムやモッブ主義を前世紀の遺物とみなし、非暴力主義的な行動を重視した。周知のように、現代の共和制国家では、一般的に非暴力的な直接行動は、議会政治や三権分立と同等に、国会の格差や「議員」という身分の特権から一党の支配や前衛化に及び社会が全体主義化していかないように、その防備のために合法的な権利と認められている。だが戦前の、政府の専制的な政権下にあっては、たんなる「非暴力」は支配者の統制暴力をむしろ増長させる。ゆえにそこでは支配者の最大の暴力の根を断ち「最大の成果」を得るための「最小限の暴力」が必要となる。幸徳は自らの達した新たなラジカルな唯物的自覚が非中央集権的な無政府主義的社会民主主義の新境地を開いたものの、国家の有機的唯物的実在性を理解できず明確な革命思想を欠いたため、直接自らが暴力行使に関知せずそれでいて同志・シンパの無軌道・無謀な暴力（未遂）を放置するという「誤り」を犯し、結果支配者の最大暴力に屈してしまった。なお後の北一輝も幸徳類似の「誤り」を犯したが、彼の場合かなり明確な国家論や革命思想があったにもかかわらず、幸徳の到達した、権威や政府の無化という大胆な唯物的自覚を欠き、そのため北の同志・シンパの、まさに無軌道・無慈悲な最大の暴力行使（凄惨で野蛮な要人達の殺害）を放置してしまった。

大逆事件以後幸徳の同志であり側近でもあった堺や山川や荒畑達のいわゆる労農派の人達は、幸徳思想の「国家」に対する理解の観念的限界を自覚しないままに、幸徳の無政府主義的直接行動論を継承し、それをかつての同志やシンパでもあった片山や北達による議会主義や労働組合主義および（国家-国際連邦〉思想・理論と突き合わせタイアップさせていくという努力を怠ってしまった。結果第二維新民主化革命を成就させることができず、日本帝国の暴走を止めることもできなかった。しかし戦後実質的な第二維新民主化革命が実現し、また世界的にも国連を中心とした主権国家の平等と国家主権の民主化の思想が、後のSDGsとともに現代のコモンセンス（良識）となった。すなわち幸徳が無政府主義的な社会思想でしか「理想社会」を展望できなかった時代とは異なり、現在我々は少なくとも脱国家的な世界の平和、人権、民主、自由、平等のコモンセンスを国際的コンセンサス（合意）として有するようになった。とすれば思想再構築のベクトルは、このコンセンサスを高める民主化のナビに沿うことになるであろう。

とはいえ現実は、かかるコモンセンスを軽視・無視する国家主義者達が、国家内外に台頭し一大勢力を占め、再び世界を帝国主義的な危機と混乱に巻き込もうとしている。さしずめ問題となるのは、大国の国家主義指導者達、露・中の独裁的人物プーチンと習近平の、また米国のトランプの動向であろう。日本の社会においても、五五年の自民党政権体制の確立そして六〇年の岸政権による安保体制の構築が、反自民・反安保の対抗勢力が内ゲバや粛清などにより自壊していくなかで、岸から安倍へと再び国家主義勢力を高揚させ、民主的なシステムをしだいに形骸化させていった。安倍死去後の岸田政権も結局この国家主義的なスタンスを継承している。こうして世界の国家主義勢力がグローバル資本主義と混然一体化した、すなわちナショナリゼーションとグローバリゼーションとの危険な同調が、民主化勢力の最大のハードルとなって立ちはだかっている。

改めて民主化勢力とは、自治の保障と主権の民主化を基調に、国家内外における上下、縦横からの、労働組合、市民グループ、議員、さらには国連やNGOとの、反帝国主義・反専制主義の連携・連帯・協働の多様な勢力を言う。さしずめ最大の「敵」は、主権国家平等の原則と覇権主義を使い分けながら帝国主義的な政策を進めているロシアと中国の現政権であり、北朝鮮やベラルーシやミャンマーおよびタリバンなどの専制独裁政権である。かれらは国民・民衆の民主化活動を抑圧し、国連の運営を撹乱し、世界平和へのヴィジョンを描けなくしている。このハードルをどのように乗り越えていくかが、今後の民主化勢力の最大の課題となる。「不可抗力」や「宿命」というワードに特権を与えないためにも、国連をグレードアップさせる改革（常任理事国の期限設定か廃止、国家主権の民主化のためのチェックと推進の権限付与、NGOの権限拡大、世界安保力のアップ）が急務となろう。

ところで唯物的自覚の深化は、社会政治面だけでなく、哲学や世界観にも及ぶ。ちなみに近代西洋の思惟の卓越性は、現象を対象化し分析し考察し応用していく、すなわち唯物的自覚に従い自然や社会の現象を数理的思惟と科学的方法に基づき、緻密かつ合理的に分析・実証し、精巧機械の如く世界を再構成し利用していくところにあった。唯物史観も社会主義もかかる科学的観点・認識方法に依拠しており、したがって科学的思惟を支えるカテゴリーや因果律を重視する。だが科学的思惟で説明できないあるいは対象化できない有機的および実存的な現象や部面に関しては、しばしば枯渇する自らの精神の補完として宗教的な観念が喚起される。そのため唯物論が、教条主義、理想主義、犠牲精神と手を携え、結果皮肉にも自らが否定したはずの権力や権威を自らがまとうことになる。ダーウィンやスペンサー並みの科学主義的進歩主義を享受している社会主義者達もなべて、この宗教的観念の危うさをはらんでいた。前述したように、当初幸徳も同様の唯物主義的なパースペクティヴに囲繞されていた。がしだいに唯物的自覚が深化し、思想・心情的にも無政府主義者同様教条主義や権威主義を全面的に脱落させ、「天皇」、「宗教」、「国家権力」への信奉や依存を断ち切り、東西思想を超える「新唯物論」の構築を目指すようになった。

ただ東西思想の混成は、幸徳のみならずその他の日本の思想家や哲学者にも見られた。ちなみに明治維新の「国民国家」形成の功労者であった福沢諭吉（一章：注10参照）や中江兆民（二章参照）の近代西洋の啓蒙・科学の思想には東洋の気・空の思惟が伏在していた。かれらに東西思想統一への意思があったかどうかは不明であるが、少なくとも中江の唯物論には、幸徳が『続一年有半』で指摘したように、東西古今の哲学や学説を超える独自のナカエニスムが見られた。そのベースは、精神は身体（灰白色脳細胞）の作用・機能にすぎず、身体の死とともに消滅するが、身体は死んでも元素に解離し消滅しないという西欧唯物論であったが、他方かつて『東洋自由新聞』[10]のなかで「天地の道は、陰陽の二気が相交わるのを尊ぶ」とし、交易の法則と交感の大事を述べており、結局彼は東西哲学を止揚した新唯物論構築の余白を残したまま去就した。後に、この気の思想を理論的に体系化し農本主義的革命（不耕貪食・平等主義）を説いた安藤昌益の思想[11]を紹介した文が『日本平民新聞』大阪版（一九〇八・一）に掲載されたが、中江の弟子幸徳の下には届かなかったようだ。「新しい唯物論」を構想していた幸徳には、東西思想のタイアップを行う最大のチャンスであったが、同時期米国から帰ったばかりの幸徳には哲学的探究の余裕もなく、安藤の思想を知る機会もなかった。それでも幸徳は死刑直前に、獄中で自らが「死刑の前」[12]と題して、彼独自の内面的、哲学的思索の一端を吐露した。ナカエスムスを基調にした唯物論であるが、そこには中江の余白をも埋める試みが見られる。関連の全文（五二〇頁、傍点は筆者）を抜粋しよう。

> 万物はみなながされる、とヘラクレイトスもいった。諸行は無常、宇宙は変化の連続である。その実体には、もとより、終始もなく、生滅もないはずである。されど、実体の両面たる物質と勢力とが構成し、仮現する千差万別・無量無限の形体にいたっては、常住なものはけっしてない。彼らすでに始めがある。かならず終わりがなければならぬ。形成されたものはかならず破壊されねばならぬ。成長する者は、かならず衰亡せねばならぬ。厳密にいえば、万物すべてうまれいでたる刹那より、すでに死につつあるのである。
>
> これは、太陽の運命である。地球およびすべての遊星の運命である。まして地球に生息する一切の有機体をや。細は細菌より、大は大象に至るまでの運命である。これは、天文・地質・生物の諸科学が、われらにおしえるところである。われら人間が、ひとりこの拘束をまぬがれることができようか。

傍点のところを中心に要約すると、彼は生成変化する宇宙や万物の実体は終始もなく生滅もないが、実体の両面をなす物質と力（エネルギー）が構成し仮現する千差万別・無量無限の形体は常住ではない、と言う。つまり「実体」は不生不滅だが、形体は生滅・生成変化する、という理解である。では実体とは何か、という点については、中江の「元素」を以て限定することもなく、不生不滅以外彼は何も答えていない。それは唯物的な存在のようだが、決して西洋唯物論による「元素」や「アトム

〈原子〉」に匹敵するような万物の構成単位としての究極の実在ではないようだ。ただし、別のところで彼は「三魂・六魂一空に帰し」を語り、自己保存と種保存の一致・合同なる種的エネルギーに言及している。内山の空思想の影響を受けた幸徳は、「実体」とは〈有即無〉なる物体と力をはらむ「仮現」の本体として、唯物的ではあるが、「気」のような「空なる存在」として認識していたのではなかったか。

なお現代の宇宙原子物理学によってすでに「アトム」が、原子から素粒子さらに粒子即波なる量子として、また「超弦」などとして認識されるようになり、西洋の先端的科学的知においてさえ、構成的「実体」とはもはや究極なるアトムや原子ではなく、いわば「唯物的空なる気」ととらえられるようになってきている。[13] 我々が物質や物体の唯物的存在を自覚し、そして次にその無限分割および無限分解可能性を想定するならば、必ずやそこに不可視化された、多次元的かつ高次元的な唯物的空なる気の様態〈矛盾性、重層性、中心と周縁の関係性など〉と作用〈絶対矛盾の自己同一化や脱・再構築〉が自覚されよう。なおこの場合「気」とは、たんなるアトムではなく、幸徳の語る遊星、地球、大象、細菌に至る極大・極小に及ぶ無限重層せる森羅万象に相当する。これは、北一輝の有機体論や〈大我・小我・無我〉の思想にも通じる観点ではあるが、しかし北には唯物的自覚と空観に欠け、結果彼の哲学が科学と宗教および唯物と唯心の二元論および後者から前者への弁証法的進化の思想に陥ってしまった。いずれにせよ幸徳の「新しい唯物論」が、以上のように東西思想を止揚し体系的に構築されていたならば、自らが無化した「国家」の再構築に及び、北一輝のみならず、諸々の国家主義者達、あるいは〈絶対矛盾的自己同一〉論の生みの親である西田幾多郎の「絶対無」と「唯物的投企」によるウルトラ国家主義的な翼賛哲学・思想[14]そしてその影響下にあった浪漫派哲学さえも牽制できたのではなかったか。なおこれは過去完了的な願望であっても、牽強付会による推察ではない。

未来に向けて、思想の再構築は、さしずめ以上の東西哲学の「真髄」すなわち〈気・空〉観と〈原子〉科学論との止揚による「新しい唯物論」をベースに、政治社会面の、現代版「民主（国家主権・共和（主権国家）」を前提とした「国家・国際連邦」の民主化理論形成が眼目となる。その際媒介となる概念は、「世界人民」を支える有機的、唯物的かつ社会的な〈身体・生命〉である。民主化の理論は、この〈身体・生命〉を究極の「公」として哲学的医学的にクローズアップし、その喪失の「公」を社会政治的に奪還し保障させていく行動理論や綱領となる。目指すは、地球上のすべての「公」すなわち人類・生命・土地・家屋・自然の認知、尊重、保護、そしてそこでの適切な平等で自由な交流と活用である。経済的にはたとえば、個々の私有地の権利が認められ、自由な活用が奨励され、同時に不当（等）な私有（資本・財産）には規制がかけられ、さらに社会的共有性の高い財産や資本は公有化される。[15]

ただし「公」が国家、特に専制国家である場合、公（国）有が国家支配者達の占（私）有となり、「規制」は統制となる。現代の〈社会即国家〉の世界にあって究極の「公」を保障するのは、結局各々の民族、国家、宗教を認容しつつその求心化を牽制する、「他者」尊重の「世界人民」の精神しかない。それはナルシスティックな矜持の思想・精神を超え、いまだに左右観念に強いシンパシーを有しその呪縛から脱却できない人達の反省と奮起を促す、教条的偶像崇拝（奴隷根性）とは無縁の強靱かつ柔軟な、「新しい唯物論」を貫く「魂」でもある。してこの「魂（精神）」を受けて、改めて未来の人々が、新たに日本の象徴的統合「憲法9条：主権在民」体制の構築を目指し、脱「維新」の現代版：民主化革命を実現させ、反〈国家主義‐帝国主義〉勢力の拡大にそして国連改革に尽力していくことに、大きな願をかけたい。

（注）

1. 巻末図書『レーニン』参照。
2. 「反戦・平和の原点：幸徳秋水」『幸徳秋水』（中央公論社）八〇頁。
3. 巻末図書『岸信介』（一二九～四〇頁）において著者が、G2を率いたウィロビー将軍はドイツ出身の反共主義者であり、GSを率いたリベラリストのホィットニー将軍は、日本旧指導層の公職追放を推進し民主化の徹底をはかったと述べている。
4. 岸は、一時期北一輝の国家社会主義思想に心酔し、後にソ連の計画・統制経済にも共鳴し、国策を仕切る革新官僚として国権の拡大と軍国主義体制強化に力を注いだ。ただ彼の行動パターンは、自権力増大のために反権力のポーズをとり人気を博し、他方資金を流用（「濾過」）して自らの権力基盤を固めるなど、グロテスクかつ巧妙なものであった。戦後も彼は東京裁判での死刑判決を免れるために、当の裁判自体を批判し（聖戦・正当防衛）注目を引き、さらにGHQ内のG2（反共主義）とGS（民主化推進）の対立を利用し、すでに自らに身についていた国家統制社会主義を否定するかのごとく、自らがあえて「反共」を強調し、前者の加勢を引き寄せるという戦術に出た。見事に彼の戦略が功を奏し、結果釈放され、そして総理となった。詳しい経緯は『岸信介―権勢の政治家―』（巻末図書）を参照。
5. 天皇の戦争責任については、天野恵一が「一般的に言えば、天皇は侵略戦争、植民地支配の最高責任者であったことは当たり前です」と述べ、ヒロヒト死後に解禁された天皇自身の「独白録」やその作成過程のデータ分析、さらにG

HQの資料などから「天皇有罪」の判決が出た（二〇〇〇年女性国際戦犯法廷）ことを踏まえ、東京裁判での天皇とその重臣グループによる「終戦工作」（東条達軍幹部をスケープ・ゴートにする連係プレー）を明らかにした（『グローバル化以前の象徴天皇制」とその変容』季刊運動〈経験〉①、九六～九頁参照、軌跡社、2001）

6. なお旧統一教会の世界支配の野望、戦略、狂気の詳細については、『統一教会とは何か』（教育史料出版会）で、著者が分かり易く説明しているので参照。

7. 週刊『直言』二巻二二号（「平民主義」『幸徳秋水』（中央公論社）四五三頁参照）

8. 巻末図書参照。

9. 神崎清「反戦平和の原点：幸徳秋水」（『幸徳秋水』中央公論社）七〇～一頁参照。

10. 「『東洋自由新聞』論説」（『中江兆民』中央公論社）八五頁参照。

11. 巻末図書『安藤昌益』一〇頁参照。狩野亨吉の発見・紹介によるもので、当時安藤は、「社会主義者」「無政府主義者」とさえ呼称されていた。なお彼の主著『自然真営道』については、私も『唯物的空なる気の思想』で取り上げた。

12. 『幸徳秋水』（右同五一九頁、一～五章）

13. 主として『唯物的空なる気の世界』二二六～四四頁参照。

14. 詳細は、右同書二〇四～一六頁参照。

15. なお幸徳は「社会主義神髄」（『幸徳秋水』中央公論社：二一九～二七頁参照）のなかで、R・イリーの近代社会主義論により、物質的生産機関である土地・資本を公有化し、さらに生産の公共的経営・管理、分配の「公正」化を進め、社会収入の大半を私有（財産）に帰す、と述べている。そこでは彼は、中央集権的な国家による「国有」や、たんなる欲望と恣意に任せた「私有」と区別するため、あえて「公有」の重要性を強調している。また彼は「…生産機関を公有し、いっさいの産業を管理するようになったならば社会・人民全体は、すなわち、その株主であって、同時にまた、その労働者なのである」とも述べている。土地・資本の公有化には様々な困難で複雑な問題が絡むが、しかしそこには社会的「公」の理想的な姿が認められる。

結

幸徳秋水との「付き合い」は、彼の思想と魂に対する私の感動と共鳴から始まった。とはいえ当初はまだ彼の活躍した歴史的背景や思想や哲学が充分に咀嚼されていたわけではなく、直観的な気分が先行していた。しかしそれには明らかな思想的根拠があったことを、後の彼に関わる様々な諸テクストの学習や検証を通して知ることができた。それは、すでに本文で述べたアンチ〈帝国主義・国家主義・天皇主義・中央集権主義〉であり、対する平民主義、社会民主主義、そして何よりも民主化の思想であり、さらに彼の師：中江兆民由来の未完の「新唯物論」であった。幸徳の無政府主義の思想的限界を踏まえてもなお、この時代の日本のみならず世界を凌ぐ彼の稀有にして卓越した叡智および先見の明は群を抜いていた。国家主義・ネオ帝国主義の席巻する現代世界の危機にあって、改めてこの化石化されつつある彼の叡智を蘇らせ活していくことこそが私の使命とさえ思うようになった。

もとより彼や彼の思想を偶像化するつもりはない。彼もまた、思想的ないくつかの「限界」を別にしても、自らの出世欲や女性問題などでは倫理的な問題を抱えていた。しかしだとしてもなお、彼の思想と行動は近現代史に燦然と輝いている。余談だが、最近NHK大河ドラマで、武家社会を背景とした織田信長や豊臣秀吉や徳川家康など歴代支配権力者のみならず、大久保利通や西郷隆盛や坂本龍馬さらには福沢諭吉や渋沢栄一など明治維新成立に関わった傑出した人物が主人公となるケースも見られるようになった。しかしそれでも不満が残る。「ドラマ」の題材選択は自由ではあるが、我々が少なくとも戦後日本を民主主義平和国家（主権在民と社会保障制度）として享受しているならば、誰よりも明治維新の時代に帝国主義や専制政府と果敢に闘い社会民主主義および民主化の精神を高らかに掲げた幸徳秋水や平民社の人々の波瀾万丈にもっと光を当てるべきではないか。今なお天皇制を引きずる現在の日本社会ではドラマの構成・選択に関わる制約は必定で、結局無理な相談でもあるが…。だとしても、あえて『幸徳秋水』の小説（ドラマ）化に大きな期待を寄せたい。

ところで本書脱稿に差しかかった二三年一〇月に、再び中東世界で衝撃的な事件が発生した。それは、一九四八年以来のイスラエルによるパレスチナに対する暴虐行為の報復として、積年の恨みを晴らすかのごとく、パレスチナのハマス過激集団による対イスラエル民間人への襲撃と人質という同様の暴虐行為を以て始まった。そしてそれは、続くイスラエル・ネタニヤフ右派国家主義政権による抵抗・防衛をはるかに超える、対パレスチナ・ガザ地区への報復・大量殺戮という最悪の事態を招いた。なおこの攻撃によるガザ地区の犠牲者は三万人を超えるという、しかもその中の七割が女性と子供であるという（二三年三月現在）、まさに凄惨を極めた。ホロコーストの被害意識にバイアスのかかった妄想が亡霊となり、自らの加害意識を麻痺させ、大量殺戮を行っていくという倒錯。多くの若者の未来を奪うかれらの残虐な行為を決して許してはならない。何よりもアメリカによる当該右派政権への圧力強化とイスラエル国内外の民主化勢力の奮起が求められるが、しかし当のアメリカでは、むしろイスラエル支持を積極的に掲げる国家主義者にして差別主義者そして犯罪容疑者トランプが再び大統領選を制する勢いにある。

世界の国家主義者達による差別、抑圧、暴力は止むことがない。国家が住民自治国家として「平和（共和）」と「民主」を維持していくためには、主権国家の尊重と国家主権の民主化を同時に推進していく、すなわち硬直した宗教・イデオロギー、民族中心主義、そして何よりも国家主義を脱し、究極の「公」である人権〈身体‐生命〉を尊重する国内的、国際的な勢力を高揚させていかなければならない。

二〇二四年元旦に著者のホームタウン能登半島が大地震によって「崩壊」に晒された。この「悪夢」は、「人の命」に勝るものはないことを改めて我々日本人に突きつけた。政治も科学も、教育も医療もこの尊い命を守るためにこそ、いかにあるべきかが問われているのだ。七世紀以来支配権力者達によって虚構された「神の国」を継承してきた我々日本人は、今こそ「維新国家」を脱し、名実ともに「憲法9条」「主権在民」を象徴とした平和国家形成に尽力していくべきである。そしてそのためにも日本の歴史を今一度、帝政、革命、冷戦、民主化を直接体験し体現してきたドイツ民衆の成功と失敗の近現代史を参照に、反省し学び直していかなければならない。

最後に、現在の安倍派を中心とした一連の、統一教会との結託や企業パーティ券絡みのキックバック・裏金工作の「闇（病）」の露出が、安倍派支配の国家主義や全体主義の終焉の契機となることを念じて、本稿を閉じたい。なお、拙書編集に当たり、この度も「前著」と同様に、神野斉氏に大変お世話頂いた。深く感謝の意を表したい。

関連図書（参考・引用文献含む）

会田倉吉『福沢諭吉』（吉川弘文館、１９９９）
荒畑寒村『ロシア革命運動の曙』（岩波書店、１９６０）
荒畑寒村『平民社時代』（中公文庫、１９７７）
有田芳生『統一教会とは何か』（教育史料出版会、１９９２）
有馬学『帝国の昭和』（講談社、２００２）
安藤達朗『日本史』（東洋経済新報社、２０１６）
飯田鼎『福沢諭吉』（中央公論新社、１９８４）
伊藤之雄『政党政治と天皇』（講談社、２００２）
絲屋寿雄『幸徳秋水』（清水書院、１９７３）
大津透『神話から歴史へ』（講談社、２０１０）
大塚健洋『大川周明』（講談社学術文庫、２００９）
桂圭男『パリ・コミューン』（岩波書店、１９７１）
嘉戸一将『北一輝―国家と進化』（講談社、２０１７）
川道麟太郎『西郷「征韓論」の真相』（勉誠出版、２０１４）
木本茂夫『「アジア侵略」の一〇〇年』（社会評論社、１９９４）
小池喜孝『平民社農場の人々』（現代史出版会、１９８０）
阪本多加雄『山路愛山』（吉川弘文館、１９８９）
サムエル・モリソン『アメリカの歴史２』（翻訳監修：西川正身、集英社、１９７１）
高橋文博『吉田松陰』（清水書院、１９９８）
武田晴人『渋沢栄一』（ミネルヴァ書房、２０２１）
田原総一郎『日本近現代史の「裏の主役」たち』（ＰＨＰ文庫、２０１３）

辻田真佐憲『「戦前」の正体』（講談社、２０２３）
土屋喬雄『渋沢栄一』（吉川弘文館、１９８９）
中江兆民『三酔人経綸問答』（岩波書店、１９９５）
中塚明『日本人の明治観をただす』（高文研、２０１９）
西尾陽太郎『幸徳秋水』（吉川弘文館、１９５９）
原彬久『岸信介―権勢の政治家―』（岩波書店、１９９５）
平井新『社会主義と共産主義』（社会思想社、１９７３）
松本健一『《評伝》北一輝』Ⅰ～Ⅴ（岩波書店、２００４）
マルクス・Ｋ『ゴータ綱領批判』（望月清司訳、岩波書店、１９７８）
マルクス・Ｋ『フランスの内乱』（木下半治訳、岩波書店、１９７３）
マルクス・Ｋ『資本論（三）』（エンゲルス編・向坂逸郎訳、岩波書店、１９７９）
向井豊明『新・世界史の哲学』（近代文藝社、１９９６）
向井豊明『世界の危機と再編のシナリオ』（明石書店、２０２２）
向井豊明『唯物的空なる気の世界』（れんが書房新社、２０１９）
守屋淳『渋沢栄一「論語と算盤」の思想入門』（ＮＨＫ出版、１９６５）
モルガン・Ｌ・Ｈ『古代社会』上・下（青山道夫訳、岩波書店、１９９０）
安井浩一郎『吉田茂と岸信介』（岩波書店、２０１６）
山泉進『平民社の時代』（論創社、２００３）
山辺健太郎『社会主義運動半生記』（岩波書店、１９７６）
吉田裕『アジア・太平洋戦争』（岩波書店、２００７）
レーニン『国家と革命』（宇高基輔訳、岩波書店、１９７７）
ローザ・ルクセンブルク『経済学入門』（岡崎次郎・時永淑訳、岩波書店、１９７８）
ローザ・ルクセンブルク『資本蓄積論』（太田哲男訳、同時代社、１９９７）

ローザ・ルクセンブルク『獄中からの手紙』（秋元寿恵夫訳、岩波書店、１９８２）
ローザ・ルクセンブルク『民族問題と自治』（加藤一夫・川名隆史、論創社、１９８４）
ローザ・ルクセンブルク『ロシア革命論』（伊藤成彦・丸山敬一訳、論創社、１９９０）
渡辺京二『北一輝』（筑摩書房、２００７）

『アジア主義』（編集：竹内好、筑摩書房、１９７３）
『安藤昌益』（編集：野口武彦、中央公論社、１９９５）
『北一輝著作集』第二巻・第三巻（みすず書房、１９７２）
『「北一輝」論集』（編集：五十嵐暁郎、三一書房、１９７９）
『幸徳秋水』（責任編集：伊藤整、中央公論社、１９８４）
『幸徳秋水・大杉栄・堺枯川…』：現代日本文学大系（筑摩書房、１９７５）
『スイスを知るための60章』（編集：スイス文学研究会、明石書店、２０１４）
『総図鑑よくわかる日本史』（『歴史読本』編集部、新人物往来社、２００９）
『朝鮮史』（編者：武田幸男、山川出版社、２０００）
『中江兆民』（責任編集：河野健二、中央公論社、１９９６）
『もういちど読む山川日本史史料』（編集：下山忍・會田康範、山川出版、２０１７）
『ハンガリーを知るための60章』（編集：羽場久美子、明石書店、２００２）
『平田篤胤』（責任編集：相良亨、中央公論社、１９８４）
『福沢諭吉』（責任編集：永井道雄、中央公論社、１９９５）
『福沢諭吉』（編者：家永三郎、筑摩書房、１９７４）
『プルードン・バクーニン・クロポトキン』（責任編集：猪木正道・勝田吉太郎、中央公論社、１９９５）
『マルクス・エンゲルス全集』補完四（大月書店、１９７７）
『3日でわかる日本史』（監修：武光誠、ダイヤモンド社、２０００）

『宮崎滔天・北一輝』（責任編集：近藤秀樹、中央公論社、１９９５）
『レーニン』（責任編集：江口朴郎、中央公論社、１９７９）

略年譜

西暦（和暦）	時代背景	関連事項
一八五四（安政元）	和親条約（米・露）	
五七（　四）		・吉田松陰：松下村塾を主宰
五八（　五）	米他列国と修好通商条約締結（六月）	
六六（慶応二）	薩長同盟成立	・福沢諭吉：『西洋事情』初編刊
六七（　三）	大政奉還（一一月）・王政復古の大号令	・渋沢栄一：パリ万国博使節団に随行
六八（明治元）	五箇条の誓文	・福沢：「慶應義塾」を名乗る
六九（　二）	版籍奉還（六月）	・渋沢：「商法会所」設立、民部省租税正になる
七〇（　三）		・渋沢：官営富岡製糸工場設立に関わる
七一（　四）	廃藩置県、日清修好条規（七月）、岩倉使節団欧米派遣	・パリ・コミューン（三月）、・バクーニン：『神と国家』一部刊（二部は八二年刊）、・中江兆民：岩倉使節団に随行（フランス留学）、・**幸徳秋水**：生誕（一一月）
七二（　五）	学制公布（八月）	・福沢：『学問のすゝめ』初編刊、・渋沢：国立銀行条例制定に関わる（一一月に公布）
七三（　六）	徴兵令（一月）、地租改正（七月）	・渋沢：退官後、第一国立銀行設立（六月）、・西郷隆盛／板垣退助他：「征韓論」で下野（一〇月）
七四（　七）	民選議院設立建白書提出（一月）、台湾出兵（五月）	・板垣他：「愛国公党」結成（一月）、・森有礼／福沢他：「明六雑誌」創刊（三月）、・中江：帰国（五月）

年	事項	人物
七五（八）	元老院設置、日本軍江華島攻撃	・福沢：『文明論之概略』刊、・マルクス：『ゴータ綱領批判』を書く
七六（九）	日朝修好条規締結	
七七（一〇）	西南戦争（一月）	
七八（一一）	大久保利通暗殺、竹橋近衛砲兵反乱	・渋沢：東京株取引所開業、・福沢：通俗民権論・通俗国権論刊
七九（一二）	教育令発布、琉球領有（沖縄県）	・福沢：『民情一新』刊、・渋沢：東京海上保険会社創立
八〇（一三）	国会期成同盟結成	・期成同盟が国会開設請願書提出（四月）
八一（一四）	明治一四年の政変、国会開設の詔	・自由党（板垣総理）結成（一〇月）、・中江：西園寺公望社長の『東洋自由新聞』主筆になる
八二（一五）	軍人勅諭、日本銀行創立、壬午軍乱、朝鮮出兵	・大隈重信を中心に立憲改進党の結成、・福沢：『軍人勅諭新報』刊・中江：『民約訳解』刊
八四（一七）	甲申事変、華族令制定（七月）	
八五（一八）	第一次伊藤内閣：天津条約締結	・福沢『日本婦人論』刊
八六（一九）	学校令発布	
八七（二〇）	保安条例（一二月）	・渋沢：東京人造肥料会社創立（二月）、・中江：『三酔人経綸問答』刊（五月）、・**幸徳**（一七歳）：東京で林有造の書生となるも、保安条例で追放され、帰郷（一二月）
八八（二一）	枢密院設置（四月）	・**幸徳**（一八歳）：中江の書生となる（一一月）
八九（二二）	大日本帝国憲法発布（二一	・**幸徳**（一九歳）：中江の家族と共に上京（一〇月）し、自由党再興運動

月）、山県内閣（一二月〜九一年）　に参加

九〇（二三）第一回衆議院議員選挙（七月）、『教育勅語』発布（一〇月）、帝国議会開院（一一月）
・中江：「再興自由党」から出馬し当選（七月）、後民党多数派工作により立憲自由党成立（九月）、・渋沢：貴族院議員となる（九月）、・自由党左派系機関誌『あづま新聞』創刊（一二月）：中江客員となる（一二月）

九一（二四）
・中江：自由党内で左右両派の対立激化（一月）、右派が政府と妥協し、衆議院議員辞職（二月）

九二（二五）第二次伊藤内閣発足
・福沢：北里柴三郎のため伝染病院設立に尽力

九三（二六）
・中江：諸々事業に取り組み失敗する（九月〜）

九四（二七）日英通商航海条約締結（七月）、東学革命、日清戦争勃興（八月）
・**幸徳**（二四歳）：『自由新聞』で「秋水生」と署名（一月）

九五（二八）下関条約（台湾領有）、三国干渉

九七（三〇）八幡製鉄所設立、金本位制（三月）
・渋沢：倉庫開業、・片山潜：帰国（米）後、労同組合期成会を結成し、日本の労働組合を指導

九八（三一）台湾対岸の福建省の不割譲条約、史上初の政党（隈板）内閣成立
・**幸徳**（二八歳）：『万朝報』入社（二月）、社会主義研究会（後協会と改組）結成に参加（一〇月）

九九（三二）
・**幸徳**（二九歳）：普通選挙期成同盟会に参加

一九〇〇（三三）義和団の乱・北清事変、
・中江：帝国主義的な国民同盟会加入（一〇月）

治安警察法発令

○一（三四）北京議定書（辛丑条約他）（九月）

○二（三五）日英同盟（一月）

○三（三六）ロシア：奉天占領

○四（三七）日露戦争勃発（二月）、第一回日韓協約

○五（三八）ポーツマス条約：南樺太を獲得（九月）、第二回日韓条約（韓国保護国）、第一次ロシア革命

○六（三九）西園寺内閣：朝鮮統監府設置

・内田良平：黒竜会を結成（一月）、・**幸徳**（三一歳）：『二一世紀の怪物：帝国主義』刊、片山、安部磯雄、木下尚江、西川光二郎達と社会民主党結成（五月）しかし二日後に禁止、・中江：『一年有半』（九月）と『続一年有半』（一〇月）刊、後死去、・**幸徳**：足尾鉱毒事件で田中正造の直訴文を代作（一二月）

・**幸徳**（三二歳）：『兆民先生』刊（五月）

・北一輝：「国民対皇室の歴史的観察」（『佐渡新聞』の連載中止（六月）、・**幸徳**（三三歳）：『社会主義神髄』刊（七月）、日露開戦に反対し、堺利彦（枯川）や内村鑑三と共に「万朝報」退社、後平民社設立『平民新聞』刊（一〇月）、・北：幸徳達の『平民新聞』を知人に配布（一〇月）

・片山：日本代表としてロシアのプレハーノフと非戦共同宣言（八月）、・**幸徳**（三四歳）：『共産党宣言』（幸徳／堺訳）を『平民新聞』に掲載し、発禁となる（一一月）

・**幸徳**（三五歳）：『平民新聞』廃刊（一月）、『直言』続刊（二月）、筆禍事件で二月巣鴨入獄、七月出獄、・斯波貞吉／山路愛山：国家社会党結成（八月）、・『直言』発行停止（九月）、平民社解散（一〇月）、・**幸徳**：渡米（一一月）

・堺：日本社会党結成（二月）、平民社で社会主義者と労働者の祭典施行（五月一日）、・渋沢：南満州鉄道会社と大日本製糖会社設立（七月、一一月）に関与、・**幸徳**（三六歳）：サンフランシスコ大地震に遭遇（四月）、オークランドで社会革命党結成、後帰国（六月）、・北：『国体論及び純

正社会主義論』刊、後発禁処分、前年創立の中国同盟会（孫文、蔡元培、宋教仁、黄興他）に宮崎滔天に誘われ加入（一一月）

〇七（四〇） 第三回日韓条約（伊藤統監の全権支配）
・**幸徳**（三七歳）：日刊『平民新聞』発刊（一月）、日本社会党大会で直接行動論を主張（二月）、・堺：直接行動論と議会政策論（片山）の対立を調停し失敗、・党結社禁止、『平民新聞』廃刊、『平民主義』発刊後即日発禁（四月）が続く、・**幸徳**：帰郷（一〇月）

〇八（四一） 日米紳士協定、第二次桂内閣発足
・北：幸徳主宰の講習会例会（金曜日会）出席（一月）、・**幸徳**：赤旗事件（六月）を知り上京、途中箱根の内山愚童宅禅寺に滞在、後当該事件公判を傍聴（八月）、『麺麭の略取』秘密出版（一二月）、・ローザ：『民族問題と自治』を書き始める

〇九（四二） ハルピンで伊藤博文が暗殺される
・**幸徳**：雑誌『自由思想』発行、即日発禁（五月）、・弾圧（発禁、罰金、逮捕）が続き、宮下太吉、菅野スガ、新村忠雄が中心となり、天皇暗殺を画策（九月〜）

一〇（四三） 大逆事件（六月）、日韓併合（八月）
・信州爆弾事件で宮下と新村が逮捕され（五月）、さらに**幸徳**他、関係容疑者達が逮捕される、・北も事件連累容疑で拘禁されたが、後釈放（七月）、・**幸徳**：獄中にて、『基督抹殺論』を脱稿（一一月）

一一（四四） 日米新通商航海条約調印（二月）、辛亥革命（一〇月）
・大逆事件の被告幸徳をはじめ二四名に死刑判決、・**幸徳**：死刑執行（一月）、獄中で「死刑の前」を絶筆、・北：黒竜会機関誌の編集に携わり、後上海に渡り宋教仁と再会し、革命運動に関わる

一二（四五） 中華民国成立：孫文が臨時大総統となる（一月）が、翌月袁世凱に代わる、中国同盟会：国民党
・滔天：孫文の革命運動を援助、・友愛会結成（八月）

と改称（八月）

一三（大正二）　第一次護憲運動

・北：宗教仁暗殺に疑義、・ローザ：『資本蓄積論』刊

一四（　三）　第一次世界大戦勃発

・北：『支那革命外史』（前半）執筆、配布

一五（　四）　対中二一か条の要求（一月）

一七（　六）　石井・ランシング協定、二次ロシア十月革命勃発（一一月）

・渋沢：日米協会創立（一一月）、堺：レーニン『国家と革命』刊行（八月）を『新社会』で紹介

一八（　七）　シベリア出兵（七月）、米騒動（八月）、原内閣誕生（九月〜）

・レーニン：ボリシェヴィキが国内政治権力掌握、後ロシア共産党に改称、・ローザ：『ロシア革命論』版、・ドイツ革命勃発（一一月）

一九（　八）　パリ講和会議（一月〜）：関東軍司令部設置（旅順）、朝鮮三・一運動と北京五・四運動（五月）勃発

・コミンテルン創立（三月）、・大川周明：満川亀太郎と共に猶存社を結成（八月）し、北一輝に参加を促すために上海を訪問

二〇（　九）　国際連盟：常任理事国加入（一月）、大正デモクラシーの気運高まる

・北：一月に帰国し猶存社に入り、『国家改造案原理大綱』を配布、同月岸信介が猶存社で北と大川に会い、大きな思想的影響を受ける、・北：『法華経』を皇太子に献呈（三月）、・日本最初のメーデー（五月）、・岸：大学卒業後農商務省（後商工省）に所属（七月）

二一（　一〇）　原敬暗殺（一一月）、四か国条約：日英同盟廃止（一二月）

・堺：社会主義同盟（前年結成）解散（禁止処分による）

二二（一一） ワシントン海軍軍縮条約／九か国条約調印（二月）
・全国水平社創立（三月）、・堺／山川／荒畑：非合法で日本共産党結成（七月）、・山川：「無産階級運動の方向転換」発表（八月）、・片山：コミンテルンの執行委員幹部になり、日本共産主義運動を指導

二三（一二） 関東大震災（九月）：朝鮮人虐殺事件
・ヨッフェ（ソ連）来日（三月）、・第一次共産党検挙事件（六月）、・大杉：憲兵甘粕により殺害される（九月）

二四（一五） 加藤内閣：護憲三派内閣成立（六月）
・荒畑：日本共産党解党決議に一人反対し、連絡ビューローを設置（三月）

二五（一四） スターリン政権誕生（一月）、治安維持法（四月）と普通選挙法（五月）の公布
・荒畑：「上海テーゼ」（コミンテルンからの党再建指示）を受ける（一月）、堺と山川は再建反対、・治安維持法反対運動が起こる

二六（昭和元） 蔣介石：国民革命軍総司令として北伐開始（七月）
・福本和夫：山川批判論文発表（二月）、後秘密裏に、福本イズムが党の指導理念となり日本共産党再建（一二月）、・荒畑：共産党統制委員長に指名されたが、参加拒否し翌年脱党、・労働農民党結成（三月）、後に右派社会民衆党（安部磯雄）と左派無産政党（大山郁夫）に分裂、さらに中間派日本労農党の結成と続き無産党三派成立、・岸：欧米訪問（四月）

二七（二） 金融恐慌発生、・田中内閣：モラトリアム施行（四月）、山東出兵（五月）
・『赤旗』：コミンテルン二七年テーゼ発表（七月）、・堺／山川／荒畑：労農派を形成、『労農』創刊（一二月）

二八（三） 第一回普通選挙（二
・共産党一斉検挙（三・一五事件）、・堺：日本大衆党中央委員となる（一

	月)、済南事件(五月)、第二次山東出兵(四月)、関東軍:張作霖爆殺事件(六月)	二月)
三〇(五)	ロンドン軍縮会議:軍縮条約調印(幣原外交)(四月)、昭和恐慌	・堺:無産政党戦線統一協議会議長となる(三月)、全国大衆党を結成し顧問となる(七月)、・大川周明:橋本欣五郎と共に桜会を結成(九月)
三一(六)	松岡洋右:「満蒙生命線」演説(一月)、柳条湖事件、満州事変勃興(九月)、犬養内閣発足(一二月)	・堺:全国労農大衆党結成(顧問となる)(七月)、・石原莞爾、永田鉄山、東条英機他(「木曜会」「一夕会」):「五族協和」「王道楽土」を掲げ、「満蒙領有」を目指す
三二(七)	上海事変(一月)、関東軍:満州国建国宣言(三月)、五・一五事件:政党内閣終焉(挙国一致内閣へ)	・民政党脱党派:国民同盟結成(一月)、・血盟団(井上日召):政財界要人暗殺(二~三月)、・農本主義愛郷塾(橘孝三郎):犬養首相射殺(五月)、・日本資本主義論争始まる(講座派対労農派)、・『赤旗』:コミンテルン三二年テーゼ発表(五月)、・無産政党諸派などが、社会大衆党を結成(七月)、・共産党一斉検挙:熱海事件発生(一〇月)
三三(八)	ナチス・ヒトラー政権誕生(一月)、日本政府が国際連盟の満州撤退勧告(「リットン報告書」)を受け、国連脱退(三月)	・共産党幹部:獄中で転向声明(六月)
三四(九)	岡田内閣(七月):ワシ	・日本労働組合全国評議会結成(一一月)

年	事項	関連事項
	ントン条約破棄（一二月）	
三五（一〇）	天皇機関説問題	
三六（一一）	二・二六事件勃発、広田内閣（三月）：日独防共協定（一一月）	・北：二・二六事件首謀者として逮捕される（二月）、・岸：満州国経営のために渡満、産業開発と五ヶ年計画を主導（ソ連の統制経済をモデルに）
三七（一二）	近衛内閣発足（六月）、盧溝橋事件：日中戦争開始（七月）、中国：民族統一戦線結成（九月）、南京陥落：虐殺事件発生（一二月）	・北：死刑執行（八月）、・山川／荒畑：反ファシズム統一戦線の結成を企てる、・第一次人民戦線事件（労農派検挙）（一二月）
三八（一三）	国家総動員法公布（四月）、東亜新秩序建設声明（一一月）	・第二次人民戦線事件：労農派グループ検挙（前年一二月～二月）、・社会大衆党：西尾末広が政府激励演説（三月）、麻生久が聖戦イデオロギーを鼓吹他
三九（一四）	米国：日米通商条約破棄通告（七月）、独ソ不可侵条約（八月）、第二次世界大戦（九月）	
四〇（一五）	第二次近衛内閣（七月）：日・独・伊三国軍事同盟、北部仏領印進駐（九月）、大政翼賛会発足	・社会大衆党解党と総同盟解消（七月）、・大日本産業報国会結成（一一月）

四一（一九四一）（一〇月）、大東亜共栄圏構想発表
日ソ中立条約（四月）、英米：大西洋憲章発表、米：対日石油輸出禁止（八月）、東条内閣誕生（一〇月）、米：ハル・ノート提示（一一月）、御前会議：対米英蘭開戦決定（一二月）

四二（一九四二）

四三（一九四三）大東亜共同宣言（一一月）

四五（一九四五）ヤルタ会談（二月）、サンフランシスコ会議（四月～）、広島・長崎に原爆投下、御前会議：ポツダム宣言受諾（八月）

・予防拘禁所設置（五月）、・ゾルゲ事件（一〇月）、・岸：東条内閣の商工大臣となり（一〇月）、開戦に副署

・高山岩男：『世界史の哲学』（岩波書店）刊、・岸：統制会を結成し、生産増強策を推進（一月～）

・大川周明：『大東亜秩序建設』（第一書房）刊

・岸：翼賛選挙で当選し、「岸新党」（護国同志会）結成（三月）、・ソ連軍：南樺太に侵攻（八月）

＊戦後日本（世界含む）の動向

四五（二〇）ＧＨＱ：民主化政策実施、岸：Ａ級戦犯として逮捕される（九月）、幣原内閣発足、国際連合発足（一〇月）、岸：巣鴨プリズン入獄（一二月）
四六（二一）東京裁判開始（二月〜）、戦後第一回総選挙（三月）：荒畑が社会党から立候補し、翌月当選（衆議院議員）、吉田内閣発足（五月）：日本国憲法公布（一一月）　＊この頃左翼の間で、主体性論争始まる
四七（二二）教育基本法（三月）、冷戦開始
四八（二三）ソ連：ベルリン封鎖（四月）、岸：不起訴無罪放免（一二月）
四九（二四）東西ドイツ分裂、米ソ対立、中国共産党政権成立（一〇月）
五〇（二五）朝鮮戦争（六月）
五一（二六）サンフランシスコ講和会議：対日平和条約・日米安保条約調印（九月）
五四（二九）自衛隊発足（七月）
五六（三一）日ソ共同宣言（一〇月）、日本政府：国際連合加盟（一二月）
五七（三二）岸内閣発足（七月）
五八（三三）警職法改定案（一〇月）：反対運動の高揚により翌月廃案
六〇（三五）日米安保改定（一月）：反対闘争激化、池田内閣発足（七月）
六一（三六）独：ベルリンの壁
六二（三七）米ソ：キューバ危機
六八（四三）岸：自主憲法制定国民会議結成、チェコ：プラハの春
七一（四六）沖縄返還協定調印
七二（四七）田中内閣：日中国交正常化（七月）
七三（四八）ヴェトナム和平協定（一月）
七八（五三）日中平和友好条約締結
八六（六一）ソ連：ペレストロイカ（民主化）

八九（平成元）中国：天安門事件

二〇〇一（一二）アメリカ同時多発テロ（九・一一）

〇三（一五）イラク戦争

〇六（一八）第一次安倍内閣：教育基本法改訂

一一（二三）中東：アラブの春

一二（二四）第二次安倍内閣

一三（二五）特定秘密保護法

一九（令和元）

二〇年（二）パンデミック発生（コロナ禍）

二二年（四）ロシア軍のウクライナ侵攻（二月）、安倍晋三元首相狙撃事件（七月）

二三年（五）中東紛争勃発：パレスチナ（ハマス）対イスラエル（右派政権）

【著者紹介】

向井　豊明（むかい　とよあき）

一九五〇年生。いくつかの大学・大学院で医学、哲学、教育学を専攻。また病院や学校などで医療（検査）や教育に従事し、その間仏教活動、労働組合運動、市民運動などに関わる。

著歴：

『医療と医学の思想』（れんが書房新社、1993）

『新・世界史の哲学』（近代文藝社、1996）

『空的還元』（れんが書房新社、1999）

『人生に思いを寄せて』（文藝書房、2009）

『医の哲学の世界史』（れんが書房出版社、2011）

『教育の死滅と民主化』（れんが書房新社、2015）

『唯物的空なる気の世界』（れんが書房新社、2019）

『世界の危機と再編のシナリオ』（明石書店、2022）

＊論文：

PHILOSOPHY OF EDUCATION: Formulation of a new idea for better education（The University of Santa Barbara, 2000）

帝国主義の闇に挑む

―― 現代に蘇る幸徳秋水の思想と魂

2024年7月25日　初版第1刷発行

著　者　向井　豊明

発行者　大江　道雅

発行所　株式会社明石書店

〒101-0021 東京都千代田区外神田6-9-5

電　話 03 5818 1171

ＦＡＸ 03 5818 1174

振　替 00100-7-24505

https：//www.akashi.co.jp/

組　版　朝日メディアインターナショナル株式会社

装　丁　明石書店デザイン室

印　刷　株式会社文化カラー印刷

製　本　本間製本株式会社

（定価はカバーに表示してあります）　ISBN978-4-7503-5797-3

パレスチナ／イスラエルの〈いま〉を知るための24章

鈴木啓之、児玉恵美［編著］

◎四六判／並製／324頁　◎2,000円

現地や故郷を追われた人びとの暮らし、イスラエル国内の世論等、一元的な対立構造を超えた多様な視点からパレスチナ問題がわかる。日本の支援や文学・演劇等のカルチャー、商業活動等、現地の日常を活写したパレスチナ／イスラエル理解の決定版。

●内容構成

Ⅰ　ガザ情勢から見るパレスチナ／イスラエル

ガザの風景／「封鎖」以前のガザ／封鎖下の生活／国際社会とガザ／ハマースとガザ／イスラームと政治／パレスチナと国際人道法／イスラエルと虐殺の記憶／コラム1 レバノンの政治運動とパレスチナ／コラム2 イスラエル南部のキブツ／コラム3 イスラエル軍の徴兵制

Ⅱ　日常のパレスチナ／イスラエル

東エルサレムと人びとの日常／西エルサレムの人びとと生活／イスラエル国籍のパレスチナ人／ヨルダン川西岸での人びとの生活／テルアビブ／終わりのみえない難民生活／日常の中のナクバ／ナクバの中の日常／パレスチナをめぐるもうひとつの争点／入植者植民地主義とパレスチナの解放／コラム4 教育と日常／コラム5「非日常」の抵抗／コラム6 日常という抵抗、文学という抵抗

Ⅲ　日本や世界との関わり

UNRWAの活動と日本／国際NGOとパレスチナ社会／ガザの商品を扱う／パレスチナ・ガザ地区での医療援助／国際協力NGOとアドボカシー活動／パレスチナ勤務の経験から／帝国主義とパレスチナ・ディアスポラ／コラム7 14歳のパレスチナ難民が日本に伝えたこと／コラム8 転換期にあるBDS運動 ICJ暫定措置命令と対イスラエル武器禁輸／コラム9『ガザ素顔の日常』上映と映画の力

〈価格は本体価格です〉